DENNIS GASTMANN

Der blaue Lampion

STORIES VON UNTERWEGS

Rowohlt · Berlin

Originalausgabe
Veröffentlicht im Rowohlt · Berlin Verlag,
September 2024
Copyright © 2024
by Rowohlt · Berlin Verlag GmbH, Berlin
Die Nutzung unserer Werke für Text- und
Data-Mining im Sinne von § 44b UrhG
behalten wir uns explizit vor.
Satz aus der Arnhem
bei Pinkuin Satz und Datentechnik, Berlin
Druck und Bindung CPI books GmbH, Leck
ISBN 978-3-7371-0210-0

MIX
Papier | Fördert
gute Waldnutzung
FSC® C083411
FSC
www.fsc.org

Für Marianne

INHALT

DIE GÖTTIN IM SARI

An den Ufern des Ganges

Sie hatte die Anmut einer Tänzerin, das Kreuz einer Athletin und die Aura eines Tigers. Ihre Hände waren Klauen, schwer von Juwelenringen, ihre Finger dabei so feingliedrig und zart, dass sie beinahe fleischlos wirkten. «Ich habe sie als Kind in die Zuckerrohrmaschine gesteckt, um den Saft herauszupressen», sagte sie mit einem Lächeln, das im Nu auf ihren bemalten Lippen erstarb. Laxmi Narayan Tripathi lehnte auf einer Thronbank, rührte lasziv in einer Schale voll Münzen und ließ sich die Zehen von den Männern küssen, die auf Teppichen zu ihren Füßen knieten. Sie galt als göttliches Wesen, geweiht von Rama, dem Quell aller Freude. Wohlgelaunt war sie jedoch nicht.

«Wer wagt es?», rief die Göttin und bäumte sich urplötzlich über den Köpfen der Kauernden auf. Sie musste sich nicht in voller Gestalt erheben, um größer zu erscheinen als die Gläubigen in ihrem goldenen Zelt. Laxmi reckte lediglich den Hals, an dem Gebetsketten schwangen, und straffte den majestätischen Bauch, der sanft unter ihren Gewändern wogte. Schon verstummte jedes Wort, und nur mehr die Nacht war zu hören, die Tempelglocken, die mantrischen Gesänge und das Hundegebell, während ihr suchender Blick durch die Reihen schweifte. So weich ihre Züge waren, wenn sie göttliche Antworten auf irdische Fragen gab, so scharf konnte ihre Zunge sein, wenn sich ein Sterblicher in ihrer Gegenwart ruchlos benahm. Und dieser Jemand war dummerweise ich.

«Wer hat dir erlaubt, meine Seele zu rauben?», sagte Laxmi und richtete ihren Zorn auf mich. Während sie aus der Höhe ihres Throns auf mich herabsah, schien das dritte Auge auf ihrer Stirn zu leuchten, das Zeichen Shivas aus verstrichener Asche und Sandelholzpaste. Die Göttin trug so viel Farbe auf den Wangen, als wollte sie ihr Antlitz hinter Purpur, Safran und flammendem Orange verbergen. Perlen zierten ihre Nasenflügel, wilde Locken wallten ihre Schultern hinab bis zu den Hüften, und es war ein Wunder, dass sie nicht unter dem Gewicht ihrer Goldarmreife zusammenbrach. Mit all dem Schmuck, der Ring an Ring von den Handgelenken bis zu den Ellenbogen reichte, kaschierte sie die Male ihres früheren Lebens, Tätowierungen, kräftige blaue Adern unter der Haut und so manches störrische Haar. Welcher Reporter aus dem Abendland wäre da nicht in Versuchung geraten? Wer hätte nicht in dieser Nacht am Ganges zur Spiegelreflex gegriffen und ausgelöst, nur ein einziges Mal, so laut der Apparat auch schnappte?

«Wenn ich wollte, könnte ich dich ins Gefängnis werfen», raunte die Göttliche mit einer Stimme, die unheilvoll zwischen hell und dunkel schwankte, während ich die Fotokamera unter meinem Arm verschwinden ließ. «Ich kann ein gutes Mädchen sein, hörst du? Aber auch ein sehr, sehr böses Mädchen. All das dient meinem Zweck.»

Ranjit war schuld. Wer sonst? Ranjit Kumar Pandey, der neben mir kniete und zu den geweihten Füßen der Furie demütig die Augen niederschlug. Ich liebte den Kerl. Ranjit war der beste Kundschafter, dem ich je in Indien begegnet bin. Gleichzeitig wünschte ich ihn zum Mond, weil er mich immer wieder, höflich gesagt, in Misslichkeiten verstrickte. Und diesmal hatte mich mein Freund so tief in die Scheiße geritten wie noch nie.

Ranjit war Ranjit, mit all seinen Vorzügen und Fehlern. «Go on, take pictures!», hatte er mir geraten und freundlich den Kopf hin und her gewiegt. «No problem, Mister Denish.» Er sei der Göttin im Sari schon häufiger begegnet und wisse, mit welchem Genuss sie vor der Linse eines Fotografen posiere. Nun aber hieß es aus seinem Mund, er habe Laxmi im Leben noch nicht gesehen. «Nur im Fernsehen», flüsterte er mir zu und schaute mich dabei mit so großen, runden, kindlichen Augen an, dass ich ihm ebenso gerne einen Kuss auf die Wange gegeben hätte, wie ihm links und rechts eine zu verpassen. Ranjit, der Gauner, hatte mich in das goldene Zelt gelockt. Und wie um Himmels willen brachte er uns wieder heraus?

Beginnen wir die Story mit Philosophie. Und mit ein wenig Zynismus. Zwei Dinge, die in diesem Teil der Welt denkbar eng miteinander verflochten sind. «Ich lebe nicht in Indien», sinnierte Ranjit, wenn wir durch die Gassen seines Landes streiften, von guten und bösen Gerüchen umgeben. «Meine wahre Heimat ist der Kosmos.» Und so unbegreiflich das Universum für uns Menschen schien, die auf dem blauen Lampion wandelten, so verschlungen konnten auch die Wege an seiner Seite sein.

Ich lernte Ranjit in Varanasi kennen, der «City of Learning and Burning», wie er den Ort seines kurzen irdischen Daseins nannte. Die wichtigste Lehre der heiligen Stadt schien das Loslassen zu sein. Jeden Morgen sahen wir Familien aus den Dörfern kommen, die ihre Toten auf den Schultern trugen. Sie brachten den Leichnam, in weißes Tuch gehüllt, zu den ascheschwarzen Treppen des Ganges und übergaben ihn dort den Flammen. War das Feuer heruntergebrannt, schlugen sie dem Verstorbenen den Schädel ein, um seine Seele zu befreien. Danach verlor sich ihr Blick in der Glut, während den Betrachtern ein seltsamer Barbecue-Geruch in die Nase stieg. Das Leben ist eine Brücke, heißt es in Indien. Überquere sie, aber baue keine Häuser darauf.

Varanasi war die Stadt von Licht und Schatten, und Ranjit war ihr Prophet. Als ich ihn einmal traf, um die Ghats und Tempeltürme in der schwindenden Sonne über Mutter Ganga zu fotografieren, entführte er mich lieber in ein Museum. «Denish, stell dir vor», sagte er und deutete auf verstaubte Steintafeln im Neonlicht, «Krishna hat uns dieses Wissen vor fünftausend Jahren geschenkt, ist das zu glauben?» Danach zitierte er aus den Inschriften der alten Veden, bis es finster war. Ein andermal, als mich Varanasi und seine ländlichen Gefilde so inspirierten, die Senffelder, die Neembäume, die Wasserbüffel, der aufgestapelte Kuhdung am Straßenrand, die halsbrecherischen Milchmänner mit ihren Kannen und Krügen am Fahrradlenker, gähnte er bloß und murrte: «Come, we go.» An solchen Tagen landeten wir früher oder später im Souvenirladen eines Freundes, in einem Haus für ayurvedische Heilessenzen oder im, wörtlich zitiert, «Cum Inside Show Room» eines umtriebigen Kaschmirhändlers, der auf seiner Visitenkarte mit dem Slogan warb: «God made men. I make gentlemen.»

Immerzu erklärte ich meinem Gefährten, ich sei auf der Suche nach Geschichten, nicht nach Geschenken für zu Hause. Und Ranjit? Er gab sich regelmäßig enttäuscht. Ich sei anscheinend noch nicht bereit für die wahre Magie seines Landes, machte er mir weis. «Deinem Schicksal kannst du nicht entfliehen», orakelte er und legte die Hände wie zum Gebet zusammen. «Alles im Sein ist vorbestimmt, jeder Gewinn, jeder Verlust auf Erden. Du wirst deine Geschichte nicht finden, mein Freund. Sie findet dich.»

Und so führte uns das Schicksal in ein goldenes Zelt. Zunächst jedoch in den Stau meines Lebens. Die Reise von Varanasi nach Prayagraj, vormals Allahabad, der Stadt, wo die Götter wohnen, werde uns zwei Stunden kosten, hatte Ranjit geschätzt. Vielleicht auch drei, je nach Wetterlage, Verkehr und Karma, er wolle sich lieber nicht auf die Minute festlegen, sagte mein Freund. Ein weiser Entschluss, denn aus zwei Stunden wurden letztlich zwölf. Ein sattes Dutzend quälender Autostunden auf Schotter und Asphalt, weil sich Ranjit aus spirituellen Gründen dazu entschloss, an einem Sonnabend aufzubrechen. Wie sich zeigte, gehörten die Wochenenden auf den Straßen jedoch den indischen Hochzeiten und ihren grell beleuchteten Festwagen, die mit Tanz, Musik und Scharen von Gästen wie selbstverständlich die Fahrspur blockierten. Nach den ersten drei Stunden am Steuer summte Ranjit besänftigende Lieder, die er aus Filmen kannte. Nach sechs Stunden stiegen wir gemeinsam aus und schlossen uns kurzerhand einer ekstatisch feiernden

Hochzeitsgesellschaft zum Hüftschütteln an. Nach neun Stunden hielt Ranjit bei einem fliegenden Händler an und kaufte mir einen Maharajahut mit falschen Edelsteinen und Perlen, den ich samt Schleppe auf dem Kopf balancierte, bis es schien, als wären wir nach elf geschlagenen Stunden endlich an unser Ziel gelangt. Dann jedoch fuhr sich der Wagen zu allem Unglück fest. Er steckte so tief im Sand, dass wir zu Fuß weiterzogen.

Wir besuchten die Kumbh Mela, das größte Fest der Menschheit. Es erstreckte sich über Monate und viele Meilen hinweg am Gangesufer. Hundert Millionen Menschen pilgerten nach Prayagraj, um ein Bad in der Unsterblichkeit zu nehmen. Dort, wo sich Mutter Ganga mit den heiligen Wassern des Yamuna vereint und die Kraft des Göttlichen allgegenwärtig ist, wie es heißt. Einhundert Millionen Gläubige, angeführt von Mönchen und Asketenorden. Diese Zahl nannte mir Ranjit, während wir von einer Brücke aus über die Zwillingsflüsse und die glimmenden Lichter der Zeltstadt blickten, die nicht zu enden schien. Nur der Himmel weiß, wie viele Männer, Frauen und Kinder es wirklich waren. Bei Tage wuschen sie sich von ihren Sünden rein, um den Kreislauf des Lebens zu durchbrechen – in der Hoffnung, die Strafe einer weiteren Geburt möge an ihnen vorübergehen, denn wer lebt, der kämpft. Nachts, wenn die Kälte über das Ufer kroch, kauerten sie sich unter Tüchern, Wolldecken, Teppichen und Planen zusammen, Leib an Leib gepresst bis zur erlösenden Morgensonne, so der Allmächtige ihnen gnädig war.

Ich wollte nur noch die Augen schließen, als wir unser Quartier erreichten. Ein hoch umzäuntes, rund um die

Uhr bewachtes Camp für Journalisten, Fotografen, Yoga-
freunde, Maharishijünger, Meditationsgruppen im spirituellen Wachstum und andere Sinnsuchende aus dem
verwöhnten Westen. Die Zelte waren in die Preiskatego-
rien «Luxury», «Super Luxury» und «Luxury Luxury» auf-
gegliedert, doch in jeder Unterkunft fand sich im Grunde
dasselbe: ein Schlafplatz erhöht auf Stelzen, der vor Flut
und kriechendem Ungeziefer schützte, saubere Laken,
ein Kissen und ein Reiseklo, was sich angesichts der de-
solaten hygienischen Zustände als geradezu «Super Luxury Deluxe» erwies. Leider hing auch der Dieselgestank
in den Zelten – verursacht von einem archaischen Strom-
generator, den es brauchte, um das Camp zu beleuchten
und in der Dämmerung gründlich einzuräuchern, wenn
die Mückenschwärme kamen.

Wer hätte sich nach all den Stunden der Reise nicht
etwas Schlaf gegönnt? Die Gurus, Yogis, Sadhus und angeblich menschenfressenden Aghoris auf dem hinduisti-
schen Jahrmarkt des Glaubens konnten warten und mit
ihnen auch die Story, die ich mir erhoffte. Wieso in Hektik verfallen, wenn der Fluss des Lebens ohnehin strömt,
wohin er will? Wer weiß, vielleicht würden wir ja sogar
eine ganze Woche auf der Kumbh Mela verbringen, überlegte ich. Die Aussicht auf eine stundenlange Rückfahrt
weckte jedenfalls wenig Enthusiasmus in mir.

Ranjit hingegen fand keine Ruhe. Er fühlte sich ein-
sam in seinem Luxuszelt, das auf meine Rechnung ging.
Wie ein Junge auf der Suche nach Mutter und Vater streifte er im Halbdunkel umher. Nach einer rastlosen Weile
kam Ranjit zu mir, um ein Geständnis abzulegen. Mein
Fremdenführer fühlte sich fremd. Wie ich hörte, hatte

er sein weltliches Zuhause, die Stadt des Erkennens und Verbrennens, noch nie zuvor verlassen. Ranjit bewegte sich auf unentdecktem Terrain. Er hatte die hundert Kilometer lange Reise über den Rand der eigenen Welt nur für mich und meine Reportage auf sich genommen. Vor allem wohl wegen der Dollars, die er mit mir verdiente, um seine Familie zu versorgen: eine Ehefrau, zwei Töchter und die Bettler, die vor dem kleinen gelben Haus der Pandeys auf Almosen hofften. Jeden Sonntag schenkte er ihnen eine Rupie und erfreute so Saraswati, die Göttin des Wohlstands und des Glücks.

Allerdings gab es noch etwas, das Ranjit im Herzen bewegte. Ein Gerücht hatte ihn erreicht und ließ ihn nicht mehr los. Die Wächter des Camps erzählten davon, ebenso wie das Küchenpersonal, das noch die letzten Teller wusch, ehe es schon bald das Frühstück für die Reisenden vorbereiten musste. Auch der Händler, der die üblichen Saris und Schals für das übliche kleine Vermögen verkaufte, hatte bereits davon erfahren. Zwischen den Zelten tuschelten sie von einer hohen indischen Persönlichkeit, die der Kumbh Mela einen unvergleichlichen Glanz verlieh. Solch einen Gast hatte das heilige Fest in seiner zweitausend Jahre langen Geschichte noch nicht erlebt.

«Sir», flüsterte Ranjit, obwohl ich ihn inständig darum bat, mich erstens schlafen zu lassen und zweitens nicht *Sir* zu nennen. Ja, ich bezahlte ihn für seine Dienste. Aber nur weil er für einige Tage auf meiner Payroll stand, war ich keineswegs sein Herr und Gebieter, versuchte ich ihm zu erklären, sondern vielmehr so etwas wie ein Freund, dem er half, sich zurechtzufinden.

«Sir, come, Sir!», gab er nicht nach. «Come, come, Mister Denish, we must go!»

Ranjit bekniete mich nahezu, nahm mich abwechselnd in den Arm und zerrte an mir. Er umschmeichelte mich mit den blumigsten Worten, verglich mein blondes Haar mit dem von Goldie Hawn, versprach mir ein unvergessliches Erlebnis, ein wahres Spektakel, ja sogar ein Wunder!

«Von wem redest du?», fragte ich meinen Reisegefährten und betrachtete ihn mit halb offenen Augen. «Worum geht es überhaupt?»

Nun, darüber schwieg er sich aus. Ranjit erwischte meinen wunden Punkt – und das wusste er. Die Neugier ist der Stachel im Fleisch eines Reporters, seine Flamme, seine treibende Kraft, die verhängnisvolle Droge, die ihn zuerst um die Nächte und später um die Familie bringt, und eine gute Geschichte ist sein größter Triumph. Darum gab ich schließlich nach und folgte Ranjit ins Ungewisse, hinaus aus dem umzäunten Camp, hinein ins Dunkel des Gangesufers. Vorbei an Schattengestalten, die uns durch den wandernden Moloch aus Mensch und Tier geleiteten oder uns mit Lust in die Irre führten, wie es schien. Doch keiner vermochte es, uns zu verwirren, wir wandelten auf Gottes Pfaden.

Vor dem goldenen Zelt herrschte Tumult. Es war hell erleuchtet und funkelte wie der Morgenstern, so kitschig es klingen mag. Hunderte von Menschen drängten sich vor dem Eingang, der mit Lichterketten und Lampions geschmückt war. Ganz vorne in der Menge stand ein Mann in Anzug und Krawatte. Er fuchtelte mit den Armen herum und trug den Bauch, der sich unter seinem Sei-

19

denhemd wölbte, wie einen Schild vor sich her. «Ich bin Journalist!», empörte er sich und deutete mit den Fingern auf sein Mobiltelefon. Er fuhr wortreich durch Adresslisten, zählte namhafte Kontakte auf, über die er angeblich verfügte, und verteilte Visitenkarten an die Wächter, die den Eingang mit Rohrstöcken und ihrer schieren Muskelkraft schützten. «Rule is rule!», brüllte einer, Vorschrift bleibt Vorschrift, und jagte den Fluchenden davon.

«Was ist in dem Zelt?», fragte ich Ranjit, der mich an meinem Jeanshemd packte und wie einen Ochsen quer durch das Gewimmel zog. Er tauschte sich auf Hindi mit den Leuten aus, die er einen nach dem anderen beiseitestieß, manchmal höflicher, mal weniger galant. Welche Märchengeschichten er ihnen erzählte, war jedoch einfach zu verstehen: «Lasst ihn durch! Seht doch, ein Ausländer, ein VIP, ein Schriftsteller, *Firangi*-Filmemacher, Superhit-Regisseur, ein berühmter Künstler aus *Jermani*! Dieser Mann hier ist fünfzigtausend Meilen weit bis an den Ganges gereist, nur um die heilige Kumbh Mela zu erleben, seinen größten Traum, und jetzt macht Platz für unseren Ehrengast aus der großen, weiten Welt! Husch, husch!»

Ich war seine *Carte Blanche*. Die weiße Eintrittskarte, die er nutzte, um jede beliebige Tür in Indien zu öffnen, das dämmerte mir mit der Zeit. Nur um noch einmal daran zu erinnern: Nicht *ich* wollte in das Zelt hinein, *er* wollte es. Und so erstaunlich es war, wie gut sein Plan glückte, so erschütternd wirkte das Schauspiel auf mich. Allein meine Hautfarbe, die helle Pigmentierung meiner sterblichen Hülle, ließ die Menschen in nahezu biblischer Weise weichen und eine Gasse bilden. Es war hinduistischer Fatalismus in reinster Form: hier Seine Majestät, der König, dort der Bettelmann. So ist es, und so wird es bleiben. Wir sehen uns nach der Wiederfleischwerdung im nächsten Leben, neues Spiel, neues Glück.

«Ranjit», sagte ich, nun mit ernstem Unterton. Er hatte uns inzwischen durch die gesamte Schar der Wartenden und Hoffenden geboxt – bis vor einen Gitterzaun, den letzten Wellenbrecher vor dem Weg hinein. «Komm schon, gehen wir. Ich bitte dich, mein Freund. Wir müssen nicht in dieses Zelt.»

«Aber wieso denn nicht?»

Ranjit legte die Hand auf meine Schulter.

«Denish! Mister Denish, Sir! Jetzt sind wir doch schon so weit gekommen. Da drinnen wirst du eine einmalige Sache erleben, ein großes Fest mit Trommeln, Musik und Tanz. Du schwingst doch gerne die Hüften, oder nicht, Maharaja?»

«Tanzen?», sagte ich, halb zu mir selbst, und ließ die weiteren Gedanken unausgesprochen. Da belästigten wir all die Leute, die womöglich seit Stunden in Nacht und Wind vor dem Zelteingang aushielten, verärgerten die Götter und ruinierten im Rekordtempo die Bilanz unseres Karmakontos, nur wegen einer Tanzrevue?

«Tanzende Transen», sagte Ranjit und lachte mit spitzer Stimme auf. «Hijras! Transgender! Das dritte Geschlecht, verstehst du? Sie sind nicht nur göttliche Wesen wie aus den alten Schriften, sondern auch äußerst amüsant. Warte nur ab, mein Freund, ich stelle sie dir vor, du wirst sie lieben.»

Was mir als Nächstes zu Ohren kam, waren die Worte «one minute». Ein Wächter sprach sie aus, während er den

Finger an seine Lippen hob. Er schien mich in der Tat für eine wichtige Größe auf der Welt zu halten, so respektvoll und vorsichtig behandelte er mich. Oder war es eine Wächterin? Ehe ich genauer hinsehen konnte, fuhr das Gitter auf, und wir fanden uns bereits im Allerheiligsten wieder. Ich verrate wohl kein Geheimnis, wenn ich sage, wie unbehaglich ich mich damals fühlte. Hätte wirklich eine Musikkapelle gespielt, begleitet von Trommeln, sie wäre auf der Stelle verstummt.

Niemand tanzte im goldenen Zelt. Keiner schwang ausgelassen die Hüften wie auf einer ländlichen Hochzeitsfeier und sang «balle, balle!», hurra, hurra, als wir das Innere betraten. Weder Laxmi, deren hypnotischer Blick mich nun traf, noch die zahlreichen Bewunderer, die zu ihren Füßen knieten und vor Ergriffenheit schwiegen. Wir hatten uns nicht nur auf schändliche Weise in den Pavillon einer Göttin gemogelt – ich voran, weil Ranjit mich schubste, und er, der Kleinere von uns beiden, versteckt in meinem Rücken –, wir platzten auch noch mitten in ihren *Darshan* hinein. Jene Stunde der spirituellen Erfahrung, in der sie mit ernster Miene auf ihrem Thron saß und wichtige Worte sprach, während die anderen sie still bewunderten und hofften, ihr Glanz möge sie treffen.

Diesmal dauerte es weniger als eine Minute, bis uns einer der Gläubigen mit unheiligen Worten hinaus in die Nacht verwies. Da jedoch hatte uns Laxmi längst im Auge. Oder war es das Schicksal selbst, das uns am Kragen packte? Mit einem Wink ließ sie uns fassen und zurück unter die Kuppel des Zelts befördern, meinen indischen Freund und mich. Und so, verehrtes Publikum, landeten wir also auf Knien vor Laxmi Narayan Tripathi, der berühmten goldgeschmückten Unbekannten, die mir mit Gefängnis drohte.

End of Story? Ich wünschte, es wäre so. Doch die Geschichte nahm gerade erst ihren Lauf.

«Was hast du da?», fuhr mich die Göttin an, während ich meine Spiegelreflexkamera unter dem Arm versteckt hielt. Der Fotofauxpas war eben erst geschehen.

«Nicht deine Canon», rief Laxmi, die Schreckliche. «Von diesen Dingern habe ich mehr als genug. Ich meine das, was da aus deiner Hose ragt.»

Nun sah ich an mir herab. Und was soll ich sagen? Schon wieder war Ranjit schuld, niemand anders als er. Vor der versprochenen Tanzrevue hatte er mir geraten, Geld bereitzuhalten. Es klang, als würden wir einen texanischen Stripteaseclub besuchen. «Dem Gesindel am Gangesufer musst du nichts geben», lauteten seine Worte, die bisweilen drastisch klangen. «Aber den Hijras schon, damit sie dich nicht verfluchen.»

Jenes Geld schaute nun aus meiner Hosentasche hervor. Papiergeld. Große bunte Scheine von fünfhundert und tausend Rupien. Umgerechnet hätte der Betrag in meiner europäischen Heimat bestenfalls für ein Frühstück gereicht, hier jedoch konnte er eine Familie über Tage und vielleicht sogar Wochen ernähren. Bei drohenden Verwünschungen wollte ich besser nicht kleinlich sein. Erst recht nicht, wenn es um das dritte Geschlecht ging, denn mit den Hijras hatte ich so meine Erfahrungen gemacht. Keine guten, muss ich zu meiner Schande gestehen.

Auf meiner ersten Indienreise vor vielen Jahren hielt

ich sie für Prostituierte. Damals drehte ich eine Reportage über die Kinoindustrie und den süßen Traum vom Aufstieg aus den Slums. Ich stand auf einer Verkehrsinsel in Mumbai, umgeben von vorbeirauschenden Tatas, Mahindras und Tuk-Tuks, und filmte das überlebensgroße Konterfei von Shah Rukh Khan. Der reichste Schauspieler des Landes blickte von einem Bollywoodplakat herunter, das über die gesamte Länge eines Häuserblocks gespannt war, als ich plötzlich Hände spürte. Große Hände mit Schmuck an den Fingern, Henna auf der Haut und abblätterndem roten Nagellack. Sie fuhren suchend durch meine Taschen. Dass es Ausgestoßene waren, die weder Ehen schließen konnten noch eine Chance auf legalen Broterwerb hatten, wusste ich nicht. Und so ließ ich etwas von meinem Geld fallen, einen Schein oder zwei, und lief davon.

Auf der zweiten Reise konnte ich nicht mehr fliehen. Diesmal waren es eindeutig Professionelle, und sie pirschten sich keineswegs still und leise heran. Vielmehr brausten sie mit dem infernalischen Grollen einer Boeing 747 über die Straße, während ich eigentlich die Stille der Großen Indischen Wüste von Rajasthan genoss. Ich schrieb meinen ersten Roman, eine Abenteuergeschichte, und erkundete das umstrittene Grenzland zu Pakistan, wo sich Sanddünen wie in der Sahara erheben. Da dröhnte etwas die Schotterpiste entlang, die zu meinem Zelt am Rande der Tharwüste führte. Ich lag auf einer Matratze, erschöpft von dem schaukelnden Ritt auf einem Dromedar, blickte an die bebende Decke meines provisorischen Lagers und fragte mich, was sich da wohl näherte. Ein Düsenjäger der pakistanischen Armee? Eine Panzerdivision auf Ketten? Wie sich zeigte, war es bloß ein Traktor. Jedoch einer mit Lautsprechern auf dem Heuanhänger und fünf Gestalten in wehenden Gewändern, die kreischend und zungeschnalzend zur Musik auf der Ladefläche tanzten.

Kaum hatte ich meine Hose übergestreift, hielt eine der Hijras auch schon meine Hoden in der Hand. Karma, könnte man aus heutiger Sicht sagen, irgendwann im Leben gleicht sich eben alles aus. Die Gruppe der fünf stürmte ungefragt in das Wüstenzelt hinein, das ich bewohnte. Eine spielte mit meinen blonden Locken, eine andere schlang von hinten die Arme um meine Taille und sagte immerzu: «Friend, friend», während mir die dritte von vorn so zielsicher wie beherzt zwischen die Beine griff. Sie – oder sollte ich besser *they* sagen? – ließ nicht locker und sah mich aus dunklen, kholumrandeten Augen an. Zu einem tieferen Gespräch, das nötig gewesen wäre, um solcherlei sensible Fragen der Genderidentität zu klären, kam es nicht mehr. Ebenso wenig zum Geschlechtsverkehr, auch wenn die Transperson, die meinen Hodensack in ihrer Faust umklammert hielt, mit einem «Please, Sir, please» eindringlich darum bat.

Nun, ich will mich nicht lustig machen. Natürlich hatte ich es mit Menschen zu tun. Mit Kindern der Erde wie du und ich, die von Samsara, dem kreisenden Rad des Lebens, nicht gerade begünstigt worden waren. Ob Transfrau, intergeschlechtlich, bigender oder trigender, geschlechtslos oder genderfluid, sie durchquerten die Wüste und tauschten Sex gegen Geld, weil sie es mussten. Und so ließ sich auch diese schmutzige Situation mit sauberen Scheinen bereinigen. Einige Hundert Rupien

25

sollten es jedoch sein, vorher erhielt ich meine Familienjuwelen nicht zurück.

Richten wir den Blick wieder auf Ranjit, die erzürnte Göttin und die Rupienscheine, die so auffällig aus meiner Hosentasche ragten. Es waren verjährte Banknoten. Naiv, wie ich bin, hatte ich die Fünfhunderter und Tausender von einer früheren Indienreise mitgebracht und ahnte nicht, dass sie inzwischen außer Kurs gesetzt worden waren. Mein Geld war nicht nur wertlos, der Besitz war sogar verboten und konnte mit aller Härte des Gesetzes bestraft werden. Die indische Regierung hatte die Tausender bereits vor Jahren einziehen lassen und die alten, längst ungültigen Fünfhunderter durch neue ersetzt, um Fälschungen, Korruption und Geldwäsche zu bekämpfen.

«Bei Shiva!», flüsterte Ranjit, als er die Scheine bemerkte, und riss die Augen auf. «Weg damit, los! Steck das ein, sonst wirft sie dich wirklich noch in den Knast! Laxmi sitzt im Parlament!»

Im Parlament? Davon hatte Ranjit nichts erzählt. Na gut, wie wir wissen, hatte er mir gar nichts über Laxmi Narayan Tripathi verraten, ehe wir unangekündigt zu ihrem Darshan erschienen. Bis auf zwei Dinge: dass er sie kannte, was mindestens geflunkert war, und dass sie Teil eines fahrenden Tanztheaters sei, was selbst mit gutem Willen als Lüge zu werten ist. Obwohl Hijras seit Jahrhunderten auf Hochzeiten und Geburtszeremonien tanzen, weil sie nicht nur für Angst und Schrecken stehen, sondern auch für Glück und Fruchtbarkeit. So entpuppte sich auch seine dritte Information als vage. Die Göttin auf Erden, zu deren Füßen wir knieten, war keineswegs ein gewähltes Mitglied des Parlaments in Neu-Delhi. Sie war noch weitaus mehr.

Laxmi war zur Inderin des Jahres gekürt worden. Laxmi hatte ihr Land vor den Vereinten Nationen repräsentiert, als erste Transperson aus Asien. Laxmi war Salman Rushdie begegnet und hatte ihn in Grund und Boden geredet, wie es hieß, worüber sich wohl niemand so verwundert zeigte wie Rushdie selbst. Nach dem leidenschaftlichen Zwiegespräch über die Rolle des dritten Geschlechts nannte er sie «force of nature», eine Naturgewalt. Laxmi hatte vor dem Obersten Gerichtshof geklagt und Gerechtigkeit für die drei Millionen Menschen in der Republik verlangt, die sich weder als Mann noch als Frau betrachteten. Sie stritt für gleiche Bildungschancen, dieselben Perspektiven auf Jobs, angemessene ärztliche Versorgung, getrennte Bäder, das Recht auf die Adoption von Kindern und legale Wege, sich unter dem Skalpell für ein bestimmtes Merkmal zwischen den Beinen zu entscheiden. Und was war geschehen? Laxmi hatte auf ganzer Linie gewonnen. Dank ihr und anderen Aktivistinnen wurde das dritte Geschlecht in Indien schließlich offiziell anerkannt.

Laxmi war eine Heldin, im Himmel wie auf Erden. Und obwohl ich von alldem erst später erfuhr, sah ich Ranjit an, wie sehr er sie liebte. Jeder liebte sie. Die Junggesellen in ihrem erlauchten Kreis, die verheirateten Männer, deren Frauen gerade die Kinder hüteten. Und besonders jene, die nahe bei ihrer Göttin saßen, geschminkt, gepudert und in Saris gehüllt. Laxmi war ihre Stimme und ihr Schwert. Eine Kriegerin wie aus der heiligen Mahabharata, die auf Hindi, Marathi und Oxford-Englisch für sie kämpfte. Nicht bloß selbstbewusst, oh nein, betrunken von sich selbst, und genau das verlieh ihren Worten den Reiz.

«Wisst ihr, ich bin unter vielerlei Namen bekannt», erzählte sie, während sich zahllose Augenpaare auf sie richteten. Einige aus dem Zelt heraus, andere durch jeden Spalt und jede Ritze, die sich zwischen den Planen für sie bot. «Hijra, Hijra-Guru, Homo, Transe, Eunuch. Ich selbst nenne mich einfach *perfect diva*, die vollkommene Frau der Träume.»

Wer sie trotz allem «Hijra» nannte, den wollte Laxmi nicht belehren. Das Wort bedeute «Göttin im Sari», wenn ihre Bewunderer es im Munde führten. Viele andere in Indien verknüpften es noch immer mit Begriffen wie verstoßen, gebrochen, verraten und verkauft. «Me Hijra, me Laxmi», betitelte sie ihre Lebensgeschichte, die landesweit als Buch mit rosarotem Cover erschienen war. Sie bevorzugte jedoch das gehobene «Kinnar», halb Mann, halb Frau, um sich selbst zu beschreiben. Laxmi war die Stimme der *Kinnar Akhara*, eines so mächtigen wie gefürchteten Ordens des dritten Geschlechts. Niemand konnte übersehen, welchen Gefallen sie an dieser Rolle fand. Nun hob sie einen der schweren, goldbereiften Arme und streckte den Zeigefinger in die Luft.

«Einmal wurde ich in einem Interview gefragt: Laxmi, wann hast du gemerkt, dass du anders bist? Da antwortete ich: Nie! Nie im Leben. Ich bin nicht anders, ich bin haargenau wie du. – Aber Laxmi, sei ehrlich, in welchem Alter ist dir denn aufgefallen, dass du ein wenig speziell bist? – Ich bin nicht speziell, gab ich zurück, die Welt hat mich dazu gemacht. – Und wann war dein Coming-out? –

Allmächtiger!, sagte ich. Ich musste nirgendwo herauskommen, hörst du? Nur aus meiner Mutter!»

Das war eine große Show. Und während die Nacht verstrich, wurde mir klar, dass mein lieber Freund Ranjit keineswegs zu viel versprochen hatte. Die strafende, Blitze schleudernde Rachegöttin auf ihrem Thron konnte unterhaltsam wie eine Bühnenkomikerin sein. Wer brauchte Dave Chappelle und Ricky Gervais? Laxmi gehörte längst zur indischen Popkultur, sie war berühmt aus dem Reality-TV und Bollywoodfilmen. Und ja, sie tanzte. So soll ihre steile Karriere einst begonnen haben, als Schleiertänzerin in einer Bar in Mumbai. Der Erzählung nach erlangte sie dabei eine solche Bekanntheit, dass ihre Verehrer aus allen Vierteln der Millionenstadt zu ihr strömten, nur um einen Blick auf sie zu erhaschen. Eines Tages versuchte der Staat, die anrüchigen Tanzlokale zu schließen. Dagegen lehnte sie sich auf – wagemutig wie Bahuchara Mata, die heilige Kriegertochter, die ihren Vergewaltiger einst mit Impotenz strafte. Sie vergab ihm erst, als er schwor, sich fortan wie eine Frau zu kleiden und wie eine Dame zu benehmen.

«Ich war niemals ein Mann», sagte Laxmi. «Meine Seele war schon immer weiblicher Natur. Bei allen Göttern, was muss meine Mutter darunter gelitten haben. Ein Hijrakind galt als Schande! Aber Mütter sind Mütter, darum hielt sie zu mir.»

Wie eine liebende Mutter behandelte Laxmi auch die Kinder, die sie gerne zu sich rief. Wenn ein Söhnchen oder Töchterchen auf schwankenden Beinen in ihre Arme tapste, tätschelte sie seine Wangen, säuselte «I love you», verschenkte Süßes, füllte seine Windel mit Münzen und

sprach einen schützenden Segen. Musste sie jedoch Ge-
flüster, Gemurmel oder gar ein klingelndes Handy wäh-
renddessen hören, wurde sie laut: «Wer bist du, mich so
zu beleidigen?», schimpfte sie den Störenden an, als hätte er es gewagt, an ihrem goldenen Sari zu zupfen. Dann
strafte sie ihn und die anderen Gläubigen in ihrem Zelt
mit Schweigen. Wortlos ließ sich Laxmi auf dem Teppich
nieder, missachtete die Normalsterblichen um sie herum
und wendete sich lieber den Gefäßen mit gespendetem
Essen zu, das ihr unablässig zu Füßen gelegt wurde. Die
Göttin fraß, gefüllte Teigtaschen, frittierten Paneerkäse
und Küchlein aus Kichererbsen, während wir die Ehre
hatten, ihr dabei zuzuschauen. Jawohl, sie fraß, leckte
sich die juwelenbeladenen Finger, warf uns bisweilen die
Krümel zu oder gönnte uns ein Fingerhütchen voll Chai.
Aber keinen Tropfen mehr.

Laxmi hielt Hof. Und hatte ihre Majestät, die strahlen-
de Herrscherin der Kinnar Akhara, nicht alles Recht, sich
so zu benehmen? Sie musste schließlich zweitausend
Jahre auf diese Genugtuung warten. Nie zuvor in der Geschichte war ein Orden aus dem dritten Geschlecht zur
Kumbh Mela eingeladen worden. Nie zuvor hatten die
Transpersonen offiziell an den heiligen Prozessionen
und rituellen Bädern teilnehmen dürfen. Nun aber, nach
zwanzig Jahrhunderten, brach die Ära von Laxmi Narayan Tripathi an, und das ließ sie uns spüren. Auch mich,
denn meine Kamera und die verbotenen Geldscheine in
meiner Tasche hatte sie nicht vergessen.

«Und nun zu dir», sagte Laxmi nach dem Essen und
sah mich an. Während sie sich aufrichtete und schwer-
fällig zurück auf ihren Thron begab, beobachtete ich das

Spiel ihrer Muskeln unter den wallenden Gewändern.
«Dein Name?»

«Denish!», antwortete Ranjit an meiner Stelle und lächelte mich entschuldigend an.

«Woher?»

«Deutschland», gab ich zurück, ehe mein indischer Freund etwas anderes behaupten konnte.

«Kenne ich.»

Laxmi gähnte. Sie dachte nicht daran, dabei ihren Mund zu verdecken.

«Ich war in München und überall. Single?»

«Nein», sagte ich.

«Kinder?»

«Einen Sohn.»

«Gut.»

Laxmi hob den Zeigefinger und deutete auf mich, genauso wie sie die Kleinsten zu sich rief.

«Wer, ich?», fragte ich.

Wer sonst?, schien sich Laxmi zu denken und wiegte den Kopf. So sahen wir uns kurz darauf aus nächster Nähe in die Augen, die Göttin und ich, der vor ihr kniete. Ich leckte ihr nicht die nackten Zehen, wie es andere taten. Aber ich fühlte die ungeheure Macht, die sie umgab, als ich in ihrem Blick versank. Es war, als könnte sie in mein Innerstes schauen, kein Makel, keine Sünde, kein Geheimnis blieb ihr verborgen. In meinem Reiseleben war ich dem Ku-Klux-Klan begegnet, hatte mit Haien getaucht, in einer Stierkampfarena mit dem Tod getanzt, war immer wieder um den Globus gereist, Jahre voller Abenteuer. Aber niemals spürte ich solche Angst. Pure, kindliche Angst. Ich bewegte mich auf einem weißen

Fleck. So wie Ranjit, der Varanasi zum ersten Mal verließ, hatte ich den Rand meiner Landkarte überschritten. In diesem goldenen Zelt, irgendwo am Gangesufer, endete meine Welt. Und es mag pathetisch klingen, doch in dieser Nacht hielt ich alles für möglich. Sogar, dass hier und jetzt mein Leben enden könnte.

«Bist du schüchtern?», sagte Laxmi in sibyllinischem Ton. Es war, als spielte sie Geige auf nur einer einzigen Saite.

«Ich bin einfach sehr weit weg von zu Hause», begann ich zu antworten und verstummte.

«Nun, ich weiß, welche Wirkung ich auf Männer habe», fuhr Laxmi fort. «Also was tust du hier, Denish?»

«Schreiben», sagte ich zögernd. «Ich suche nach einer Geschichte ...»

«Eine Geschichte? Und dafür wolltest du mich bezahlen? Nur für eine Story?»

Ich schwieg, legte die Hände wie ein Schuljunge in den Schoß und dachte an das Geld in meinen Hosentaschen, all die wertlosen Fünfhunderter- und Tausenderscheine aus fernen vergangenen Tagen. Wie dumm ich war. Die Banknoten standen für das alte Indien, für Schwindel, Betrug und Gaunerei, für launische Beamte, die sich nur zu gerne bestechen ließen, Bettler und Straßenkinder. Indien bewegt sich langsam, heißt es, aber das Land war dabei, sich zu wandeln. Siehst du das nicht, fragte ich mich selbst, oder willst du es nicht sehen, du alter, weißer Mann? Laxmi Narayan Tripathi war nicht jünger als ich, wir teilten dasselbe Jahr der Geburt und vielleicht auch denselben Stern. Aber sie war Bharat, das neue Indien, der Bengalische Tiger, der sich gegen alle Widerstände erhob.

«Bedaure», sagte Laxmi. «Ich tue nichts für Geld.»

Die Göttin im Sari rührte in der goldenen Schale neben ihrem Thron, gab mir etwas in die Hand und scheuchte Ranjit und mich mit einer einzigen Geste davon. Als ich die Hand öffnete, fand ich Reis darin. Und eine Rupie.

WIR SEHEN UNS UNTER DEM TISCH

Moskau – Kaluga – Woronesch

Wie seriös ist es, sich für eine Story auspeitschen zu lassen? Nackt vor der Linse, mit einem Filzhut auf dem Kopf und einer Gurke zwischen den Fingern. Olegs Gurke. Er gab mir das grüne eingesalzene Gemüse in die Hand, weil ich ihm zu laut schrie. «Zerquetsch die Gurke, wenn du Schmerzen hast, Genosse!», sagte er mit einem Lachen und schlug noch fester auf mich ein. Immerzu mit den sudgetränkten Birkenzweigen, die er aus der Glut eines verrußten Ofens zog. Meine Augen tränten. Mein armer Rücken war von Striemen übersät. Und meine Lunge? Sie erwies sich als Problem. Das rituelle Beklatschen des Körpers mit Reisig soll die Poren reinigen, den Fluss des Blutes anregen und die Bronchien mit den entfalteten Harzen und ätherischen Ölen öffnen. Die Haut schwitzt, das Herz pumpt, die Atemwege husten sich kräftig frei. Mir jedoch schnürte es die Luft ab.

War es das Starkbier, das Oleg zwischen den Aufgüssen reichte? Das viele Holz, das ich vor dem Dampfbad hacken musste, bis mir die Arme brannten? Oder der beißende Rauch, der aus den Flammen stieg und die Sauna verqualmte? Oleg hatte seine Banja selbst gebaut. Die kleine Schwitzhütte im Wald war sein größter Genuss, wenn Väterchen Frost ins Land gezogen kam. Sie ließ den Winter und seine Strenge vergessen, lief zuverlässig wie eine Rolex und erreichte Temperaturen, die wohl keine Behörde jemals genehmigt hätte. Nicht einmal für zehntausend Rubel und ein paar Schachteln *Herzegowina Flor*, die Lieblingsmarke Josef Stalins.

Diese Hitze breitete sich in meinen Lungen aus wie Teer, während ich dalag und Schlag um Schlag über mich ergehen ließ. Und wozu all die Qualen? Nennen wir es ein Experiment. Ich berichtete für das deutsche Fernsehen über die sprichwörtliche Trunksucht unserer östlichen Nachbarn. Den Teufel in der Flasche, der die Menschen verführt, ihrer Sinne beraubt und zu den häufigsten Todesursachen des Landes zählt, seit es Wodka gibt. Leitfrage: «Wie voll sind tausend Russen?» Laboratorium: Olegs Datscha, ein Wochenendhaus mit Sauna und Gärtchen am Rande der Universitätsstadt Kaluga, wenige Autostunden südlich von Moskau. Versuchsaufbau: Dokumentiert von der Kamera, gibt sich ein Reporter heldenmütig dem Fusel hin und verspürt seine Effekte am eigenen Leib. Testperson: meine Wenigkeit, wie sich versteht. Spiritus Rector, im besten Sinne des Wortes: Oleg Malinowski, seines Zeichens passionierter Briefmarkensammler, Pensionär und väterlicher Freund des Übersetzers, der die Dreharbeiten begleitete. Ziel des Experiments: Der gute Oleg demonstriert am lebenden Objekt, wie man sich in seiner Heimat mustergültig besäuft, und zwar sicher, gesund und im Einklang mit allen guten Sitten. Angefangen vom Feuerholzspalten für das obligatorische brüderliche Schwitzen in der Banja bis zum letzten Trinkspruch der Nacht, ehe man wieder auseinandergeht – sofern irgendwer im Raum überhaupt noch aufrecht gehen kann: «Wstretimsja pod stolom!» Wir sehen uns unter dem Tisch.

Bevor jedoch unser schöner, pseudowissenschaftlicher, herrlich klischeeverseuchter Selbstversuch so richtig begonnen hatte, schien die nutzlose blondgelockte Testperson auch schon das Bewusstsein zu verlieren.

«Paschli, paschli!», hörte ich meinen russischen Schinder rufen, der seinen prächtigen, ölig glänzenden Bauch mit einem gurkengrünen Handtuch bändigte. Er bemerkte, dass mir unter den Hieben mit der Birkenrute schwindelig wurde. Tatsächlich kam es mir vor, als würde ich ersticken. «Los, los, Kamerad, mach dich auf, du triefender Sack!»

Mit der flachen Hand und der Herzlichkeit eines umsichtigen Gastgebers schlug mir Oleg auf das bloße Hinterteil. Er ohrfeigte mich, bis ich endlich auf die Beine kam, riss die Tür der verräucherten Schwitzhütte auf, gab mir einen letzten freundlichen Schub die Treppe hinab und jagte mich hinaus in den Wald, um frischen Wind zu atmen. Ohne Kleidung, ohne Kamera, ohne Übersetzer an der Seite, denn es gibt nun mal Momente, in denen ein Mann für sich allein sein muss. Und so schwankte ich zwischen den Bäumen umher, wie Gott mich schuf, schweißgebadet und nur mit einem dampfenden Banjahut aus Filz bedeckt. Sieht man von den dunkelgrünen Blättern ab, die an mir klebten, nass an der hochroten Haut.

Das Nächste, woran ich mich erinnere, ist Olegs Frau. Warum sie mir in dieser fragwürdigen Lebenssituation in die Quere kam, vermag ich nicht zu sagen. Nachmittags hatte ich sie noch am Grill gesehen, hinter der Gartenlaube, wo sie Fleisch aufspießte, als wollte sie den Hunger eines Wolfsrudels stillen. Die Familie erwartete abendlichen Besuch, allerlei Nachbarn, Freunde und Verwandte, die unserem Experiment auf der Datscha selbstlos beiwohnen würden, wie es hieß. Nun aber fiel ich der Dame des Hauses geradewegs in die Arme, nackt, benommen und halb blind, wie ich war.

Sie hätte mich auch für einen Triebtäter halten können, doch mein bejammernswerter Anblick schien Frau Malinowska keineswegs zu verstören. Im Gegenteil, er weckte sogar ihren Mutterinstinkt. So hielt sie mich für ein Weilchen, machte aufmunternde Gesten und rieb mir über den geschundenen Rücken. Solcherlei Szenen ereigneten sich wohl am Waldesrand, wenn Oleg einem Gast die Peitsche gab. Insbesondere, wenn es sich um Amateure handelte, was sowohl das Schwitzen als auch das stundenlange Saufen betraf, das noch folgen sollte. Als ich signifikante Merkmale der Erholung zeigte, stabile Atemfrequenz, allmählich sinkende Körpertemperatur und gesunde Reflexe bei sensorischen Reizen, da bat mich die bezaubernde Dame um Vergebung – mit vielen Worten des Bedauerns, von denen ich wenige verstand. Mein Russisch beschränkt sich auf eine hübsche Kollektion äußerst hässlicher Flüche von Kuhkot bis kastriertes Schwein. Auf weitere Details möchte ich aus Gründen der Ästhetik verzichten, bei Interesse schreiben Sie mir gerne einen Brief mit ausreichend frankiertem Rückumschlag.

Olegs Frau überließ mich nun meinem Schicksal. Während ich verweilte, an einen Baumstamm gelehnt, marschierte sie zügigen Schrittes die Treppenstufen zur Banja hinauf. Frau Malinowska schlug die Tür hinter sich zu und vergaß unglücklicherweise, das Kippfenster der Hütte ebenfalls zu schließen. So schallte ihre Stimme durch den Birkenwald. Was sie ihrem Gatten lautstark bis ins Kleinste zu verstehen gab, blieb mir zwar verborgen, als ich den armen Kerl jedoch mit hängendem Kopf wiedersah, zusammengesunken auf seiner Saunabank, da wusste ich es schon.

Neuer Aufguss, neues Glück. Bei unserem nächsten Dampfbad ging Oleg behutsamer vor. So sachte, wie jemand sein konnte, der solche Freude daran hatte, einen deutschen Freund vor laufender Kamera zu quälen. Ja, er schenkte Starkbier aus und gab mir eine tröstende Salzgurke in die Hand. Jawohl, er verprügelte mich mit seinen Birkenzweigen. Selbstverständlich räucherte er die Bretterhütte gründlich ein und erzählte zu allem Schmerz auch noch derart schmutzige Witze, dass der Dolmetscher, der mit uns schwitzte, kaum mehr übersetzen mochte. Doch Oleg bewies ein gutes Herz. Weder heizte er bei dieser Gelegenheit den Saunaofen an, als wollte er Rippchen darin garen, noch klopfte er mich auf seiner hölzernen Liege wie ein Schnitzelchen weich. Als es überstanden war, das ach so wichtige Männerritual, jagte er mich wieder ins Freie und wies mich an, draußen auf ihn zu warten. Nun allerdings mit einem Handtuch verhüllt, um niemanden zu traumatisieren, denn drüben in der Gartenlaube versammelten sich bereits die Gäste.

«Ich habe noch eine kleine Überraschung für dich!», kündigte Oleg an und folgte mir mit feixender Miene hinter die Hütte, dorthin, wo uns keiner sah. Jetzt entriss er mir das Tuch um die Hüften, hob einen Eimer über meinen Kopf und übergoss mich mit Wasser aus dem winterkalten Fluss. «Worauf wartest du, Kamerad?», rief er, während ich splitternackt vor seinen Augen auf der Stelle sprang und nur mehr schrie. «Zieh dich an und ab mit dir ins Warme! Auf, auf, was soll der Zirkus? Du holst dir noch den Tod.»

Zu einem verdrießlichen Banjatag gehört jedoch auch ein versöhnlicher Abend. Wer hätte geglaubt, dass eine heimelige Laube so viele Menschen beherbergen kann? Und warum gab die runde Tafel, an der sie Schulter an Schulter hockten, nicht unter all den Tellern, Schüsseln und Schälchen nach, die sie trug? Unter dem Schaschlik, der Suppe mit gefüllten Pelmeni, den kleinen, kunstvoll drapierten Sakuski aus eingelegten Zwiebeln, Pilzen und Knoblauchzehen, dem gesalzenen Hering, dem Roggenbrot und natürlich Olegs grünen Gurken, die nicht fehlen durften. Es war Gastfreundschaft bis zur Selbstaufgabe. Die russische Familie brachte alles auf den Tisch, was Küche und Keller zu bieten hatten, und das rührte mich. Darunter fand sich allerdings auch eine große, ausgesprochen bauchige Flasche mit Selbstgebranntem, die mich in Sorge versetzte. Oleg holte sie unter dem Bänkchen hervor, auf dem er hockte, und ließ sie auf die Tischplatte sausen, dass es nur so klirrte. Er schenkte reichlich ein, seiner Frau, den Nachbarn, Freunden und Verwandten, dem Übersetzer, ja sogar dem Kameramann, der bisher wie durch ein Wunder nüchtern durch den Drehtag gekommen war, und erhob sein Glas.

«Aus langer praktischer Erfahrung kann ich sagen: Der erste Wodka ist wie ein Pfahl!», sprach Oleg in gelehrtem

Ton und bekräftigte jedes seiner Worte mit dem Zeigefinger. Es war faszinierend zu sehen, wie ernst er seine Aufgabe als Spiritus Rector nahm. Oleg spielte die Rolle seines Lebens. Er leerte sein Gläschen in einem Zug, wischte sich über den Mund, schlug sich auf die Brust, bis ihm der Schnauzbart wackelte, und sah nun freudig dabei zu, wie einer nach dem anderen in der Runde ächzend das Gesicht verzog. Ich selbst kam sogar ins Grunzen, muss ich gestehen.

«Jawohl, das erste Wässerchen, es trifft dich hart», sagte Oleg. «Dieser Wodka sitzt quer, mein Freund, da musst du durch.»

Er spießte eine Gurke auf, rief: «Hopp!», und steckte sie mir kurz entschlossen in den Mund. Zum einen, um dem Alkohol die Schärfe zu nehmen, zum anderen, um den Dämon zu besänftigen, den bösen, zerstörerischen Geist, der dem Wässerchen innewohnt.

«Der Wodka braucht ein warmes Bett, damit er sich in deinem Körper wohlfühlt und kein Unheil anrichtet. Also sei unser Gast und iss, bis der Tisch leer ist. Und füttere deinen Magen fleißig nach, hörst du? Nach jedem Wässerchen solltest du auf etwas Salziges oder Saures beißen, mein Freund, denn hier in diesem Land wird kein Tröpfchen schlecht. Wer eine Flasche öffnet, der trinkt sie auch aus.»

Mit diesen Worten schenkte er nach.

«Der zweite Wodka ist wie ein Falke!», verkündete Oleg – und fürwahr, das nächste Wässerchen verlieh nicht nur Wind unter den Flügeln, es ließ uns auch die Krallen spüren, als es in rasantem Flug durch die Schlingen unserer Gedärme fuhr. Diesmal gab mir Oleg nach dem

Genuss eine eingelegte Knoblauchzehe zu kauen. Und schon ging es weiter.

«Der dritte Wodka», sagte Oleg mit leiserer Stimme und blickte selig lächelnd gen Himmel. Er hob die Hände wie zwei Schalen in die Höhe und ließ seine Finger tanzen, als wollte er etwas Himmlisches berühren, das da unsichtbar über ihm schwebte und so leuchtete, dass meinem Gastgeber vor Entzücken die Äuglein glänzten. «Weißt du, mein Freund, der dritte Wodka des Abends ist wie Vögelchen, wie ein farbenfroher Schwarm quirliger Schmetterlinge, als würde Gott, der Herr, auf bloßen Füßen über deine Eingeweide wandern.»

Hörte sich das nicht wundervoll an? Wollte man da nicht unverzüglich wissen, welchen Zauber das vierte und das fünfte Wässerchen entfalteten? Und das sechste und siebte erst? Nun, ich experimentierte nicht zum ersten Mal mit dem russischen Nationalgetränk, muss ich gestehen. Ganz ähnlich hatte der Abend schon einmal angefangen, nur eine Woche zuvor, als ich gerade in Moskau gelandet war. Ohne Oleg, wie sich versteht, aber mit derselben Euphorie: Pfahl, Falke, Schmetterlinge. Damals schmeckte der achte Wodka wie Zuckerwatte, der neunte wie ein Gedicht, und irgendwann, als die Nacht tief und die Zahl der Wässerchen längst zweistellig war, sollte mich der letzte Wodka wie ein Hammer treffen. Oder war es ein Bus, der mich überfuhr?

Ich erinnere mich noch daran, wie ich auf einer Moskauer Straße stand und winkte. Nein, ein Taxi wollte ich nicht. So betrunken, dass ich mich von einem «Taxisten» in seinem sowjetischen Wolga schröpfen ließ, konnte ich gar nicht sein. Einen Ausländer betrachteten viele als

Jackpot, noch dazu einen, der die Stadt nicht kannte und die Sprache nicht verstand. Zwar wusste ich wie ein Russe zu schimpfen, aber für einen Streit über verdoppelte oder dreifache Fahrpreise reichte es nicht. Geschweige denn für eine ausführliche Beschwerde bei der Miliz – auf die Hilfe der uniformierten Staatsgewalt konnten weder Fremde noch Einheimische zählen. Also tat ich, was man in Moskau eben so tut, wenn man zurück in seine vier Wände möchte. Ich hielt den Arm in die Luft und sehnte einen Engel herbei. Besser gesagt einen armen Teufel. Jemanden, der nach Feierabend sein dürftiges Gehalt aufbessern wollte und mich gegen harte Währung in seinem Privatwagen kutschierte.

Was war geschehen? Russland war geschehen. Der wilde Osten hatte mich gepackt. Kaum in der Hauptstadt angelangt, überkam es mich: Ich wollte saufen gehen, um mich standesgemäß auf das Sujet meiner journalistischen Reportage vorzubereiten. Also bestellte ich Wodka für meinen Kameramann und mich, im Übermut gleich eine ganze Flasche. Dazu Bier, um warm zu werden, und wer weiß, vielleicht auch das ein oder andere Glas Wein, während wir unsere Ausrüstung unter dem Kneipentisch verstauten, Filmkamera, Objektive, Filter, Mikrofone, Sender, Akkubatterien, Dreibein und alles, was man noch so braucht. Wird allmählich klar, warum ich den Namen meines überaus geschätzten Kollegen in dieser Geschichte besser für mich behalte? Wir waren nicht nur jung und unprofessionell, wir waren nicht ganz dicht. Mit dem Wodka, den ich uns im Überschwang einschenkte, öffnete sich auch die Büchse der Pandora. Bier macht besoffen. Es lullt ein und wiegt dich langsam in den Schlaf.

Wein weckt die Gedanken. Wenn es schlecht läuft, die melancholischen, wenn es besser läuft, die poetischen. Und läuft es perfekt, lässt er dich eine Nacht lang glauben, du hättest Gott und das Universum endgültig verstanden. Dann bringst du die gescheitesten prosaischen Texte zu Papier und schlüpfst als Nobelpreisfavorit ins Bett, nur um am nächsten Morgen verschämt zu erkennen, dass es besser wäre, das Manuskript den Flammen zu übergeben.

Und Wodka? Das so unschuldig wirkende klare Wässerchen ist der Psychopath unter den Alkoholika. Es zieht dir die Beine weg, wenn du dich erhebst, und tritt dir wenig später noch dazu in den Bauch. Schamlos kramt es in deiner Seele und holt hervor, was in ihren Tiefen schlummert, den Kummer, die Verzweiflung, den Ärger, die Wut oder das gekränkte Ego, wie in meinem Fall. Ich war Single und vor der Reise verlassen worden, diesmal von einem Mannequin, das ich für die Liebe meines Lebens hielt, wie schon viele zuvor. Also setzte ich mich, ohne zu fragen, zu zwei liebreizenden Moskauerinnen an den Tisch, voll, wie ich war, und hielt mich für Ra-Ra-Rasputin, lover of the Russian queen. Es sollte nicht lange dauern, bis die beiden Frauen aufstanden und das Lokal verließen. Daraufhin landete Rasputin, Kavalier der Königin, ebenfalls vor der Tür.

Und was vereint die Beschwipsten und Besoffenen auf der Welt? Sie alle versuchen, nicht betrunken zu wirken. Und sie scheitern daran. Als ich damals auf dem nächtlichen Moskauer Boulevard den Arm ausstreckte und auf eine Mitfahrgelegenheit hoffte, setzte ich eine möglichst seriöse Miene auf: nicht zu sehr stieren, nicht die Augen verdrehen, nicht debil grinsen oder die Stirn runzeln, als würde ich statt der Scheinwerfer und der diffusen, orange leuchtenden Straßenlaternen nur mehr Glühwürmchen sehen. Meiner Wahrnehmung nach war ich gewiss ein wenig angesäuselt, aber noch immer ein kultivierter, höflich schauender Reporter aus dem Westen, den man gerne auf die Rückbank nahm, so adrett und elegant wie er schien. In Wahrheit war ich ein Arsch mit Ohren. Ein lallender Idiot, der sich inmitten der vorbeirauschenden Karossen leidlich auf den Beinen hielt, während seine Gesichtszüge «Twister» spielten.

Drei Autos hielten dennoch an. Welches wir wählten, weiß ich nicht mehr. Nur dass wir dem fremden Mann am Steuer mit letzter Kraft die Visitenkarte unseres Moskauer Hotels überreichten. Und dass wir ihm Scheine zusteckten während der Fahrt, einen nach dem anderen, als uns bewusst wurde, wie wertvoll und unersetzbar die komplette Kameraausrüstung war, die wir gerade in den Fond seines Wagens geworfen hatten. Möge uns der Unbekannte, so schnell es ging, nach Hause bringen, beteten wir, und nicht in einen dunklen Hinterhof. Wie sich herausstellte, handelte es sich tatsächlich um einen Engel. Ohne Umwege erreichte er unser Quartier, wo ich noch eine Zeit lang sinnierend im Badezimmer verweilte, ehe ich mich zur Ruhe bettete. Es war kein Abend der großen philosophischen Erkenntnisse. Keiner, an dem die Kacheln des Toilettenbodens mit einem Mal auf magische Weise zu glühen begannen und in ihrer Ganzheit, gleichsam als Mosaik, urplötzlich die alles entschlüsselnde Weltformel ergaben. Nur ein einziger Gedanke ging mir durch den Kopf: erstaunlich, wie viel Kotze in ein Waschbecken passt.

Aber zurück zu Oleg Malinowski, meinem liebevollen Einpeitscher und spirituellen Meister.

«Einmal Wodka, immer Wodka», lautete sein Rat, als ihm meine unrühmliche Geschichte zu Ohren kam. «Das ist die eiserne Regel. Ist der Geist erst einmal aus der Flasche, gibt es für dich nichts anderes mehr. Wasser darfst du trinken, Genosse, und zwar so viel du willst. Wein und Bier aber sind zwischen den Wodkaschlückchen tabu, sonst bist du verloren. Wollen wir darauf anstoßen?»

Oleg blinzelte schelmisch in die Runde seiner Gäste und schenkte ihnen fleißig nach.

«Weißt du?», meinte er und lehnte sich vertrauensvoll zu mir herüber. «Es ist so: Zum Wodkatrinken braucht man einen Anlass. Beispielsweise die gute Gesellschaft, so wie wir sie heute Nacht erleben. Oder den Feierabend. Stoß auch gerne auf den Beginn der Arbeit an, wenn du willst. Trink aus Freude! Oder aus Frust. Nimm das Tröpfchen zum Muntermachen. Oder zur Entspannung, falls dir danach ist. Trink auf das Aufwachen, trink auf das Einschlafen, trink auf all die schönen Stunden zwischendurch. Bedenke jedoch eins, mein Freund: Wer ohne Grund das Glas erhebt, der ist Alkoholiker.»

Damit hatte Oleg gesagt, was er sagen wollte. Es war ihm ein Anliegen, sein profundes Säuferwissen zu artikulieren, solange er noch ganze Sätze bilden konnte. Von nun an gaben wir uns dem Wässerchen hin, wie es sich in russischen Weiten gehört, und sahen Falken, Vögelchen und Schmetterlinge in der Gartenlaube schweben. Mit jedem Wodkaschluck gesellte sich ein weiteres Geschöpf hinzu, bis uns zu später Nacht ein zoologischer Garten umschwirrte. Mal lachten wir hinter den beschlagenen

Fenstern, mal überkam uns die Trauer über den so schönen, langsam vergehenden Tag. Mit den klingenden Gläsern schienen jegliche Sprachbarrieren zu verschwinden,
wie es manchmal im Leben so ist. Wozu noch dolmetschen, wenn man sich ohne Worte verstand? Lieber griff
der Übersetzer zur Gitarre und spielte «Otschi tschorny-
je», schwarze Augen, während ich inbrünstig die Stimme
erhob und selbst davon verblüfft war, wie ungemein text-
sicher ich russische Weisen in Landessprache intonierte.
Verse und Strophen, die ich kosakenhaft aus dem Bauch
heraus sang, obwohl sie mir unbekannt waren. An diesem Abend war ich ein Russe. Und ja, tausend Russen
sind voll, dachte ich mir insgeheim. Voller Liebe, voll
Herzenswärme und voller Leidenschaft. Ach, und wäre es
nicht allerliebst, wenn diese Geschichte genauso kitschig
enden würde?

Ein Journalist ist kein Journalist, wenn ihm nicht irgendwann wieder einfallen würde, dass er Journalist ist.
Selbst mir sollte diese Einsicht kommen. Zwar nicht am
Morgen darauf, der doch eher beschwerlich war, aber
durchaus in den folgenden Tagen der Reise, an denen ich
weitgehend nüchtern blieb. Ich war nicht nach Russland
gekommen, um Exzesse zu feiern und eine psychoakti-
ve Droge zu glorifizieren, zumindest nicht offiziell. Dafür war die Nachrichtenlage zu besorgniserregend. Jeder
fünfte russische Mann bezahlte seine Alkoholsucht mit
dem Leben, schrieb die internationale Presse. Rund die
Hälfte erlebte das Rentenalter nicht, was gleich im dop-
pelten Sinne tragisch war: Weder konnten sie ihren wohl-
verdienten Ruhestand genießen noch gebührend darauf
die Gläser heben. Stimmte es, was Oleg sagte? Tranken

zu viele Landesgenossen ohne triftigen Grund? Oder bot ihnen Mütterchen Russland einfach viel zu viele Anlässe, die Flasche zum Mund zu führen und dem Suff zu verfallen, die Korruption und die wirtschaftliche Misere, die maroden Straßen, die verseuchten Flüsse, das drastische Gefälle zwischen bettelarm und königlich reich – ganz zu schweigen von der Willkür der Staatsgewalt?

Lesen Sie nun, wie ich zum dritten Mal in dieser Story das Wörtchen «seriös» benutze. Diesmal jedoch meine ich es ernst. Es war an der Zeit, sich dem seriösen Teil der Reportage zu widmen, und so verließ ich das beschauliche Kaluga und begab mich in den «Sektor Gaza», wie der Volksmund sagte. Für einen Deutschen wäre es unangemessen, das graue Antlitz von Woronesch zu kritisieren. Die Industriestadt im russischen Süden, die ich noch dazu im Regen erlebte, wurde im Zweiten Weltkrieg von der Wehrmacht in Trümmer gelegt. So mancher Einwohner scherzte jedoch gerne über die Fabriklandschaften des Orts: Woronesch sei ein Jungbrunnen, hieß es. Wer auf den verwüsteten, von Schwermetallen und Chemikalien vergifteten Böden sein Leben friste, werde unter keinen Umständen alt.

Hier war ich mit einem russischen Psychiater und Suchtmediziner verabredet. Der gute Mann begrüßte mich und meine mitgereisten Kollegen in seiner Privatklinik, doch etwas war faul. Dass er einen schmutzigen Doktorkittel trug? Geschenkt. Dass er eine Fahne hatte, sofern mich nicht alle Sinne täuschten? Nun, nach meiner Vorgeschichte wäre ich wohl der Letzte, der sich darüber echauffieren sollte. Dass er nicht etwa sein eigenes Konterfei auf den Werbeprospekt seiner Klinik hatte drucken lassen, sondern «irgendeinen Arzt aus dem Internet», wie er mir schulterzuckend erklärte? So sind nun mal die Zeiten, schätze ich. Doch das neuartige Heilverfahren, das in der Broschüre mit kurzen, markigen Sätzen empfohlen wurde, erschien mir durchaus zweifelhaft.

Der Arzt wollte mir vor der Kamera demonstrieren, wie er einem alkoholkranken Patienten etwas unter die Haut näht. Man könnte es laienhaft als Pille beschreiben: eine Depotarznei, die das Präparat «Disulfiram» enthielt und peu à peu im Körper freisetzte. Das Mittel stammt aus der chemischen Industrie, es wird zur Vulkanisierung von Gummi verwendet, beispielsweise um Autoreifen oder Schuhsohlen zu härten. Der Legende nach hatte ein Werksarzt seine abstinenzfördernde Wirkung entdeckt. Durch Zufall, wie man sich erzählt. Fabrikarbeiter, die der Substanz über einen gewissen Zeitraum ausgesetzt waren, hätten jegliche Lust am Trinken verloren. Ihnen soll sogar auf der Stelle schlecht geworden sein, sobald sie Alkohol konsumierten.

Disulfiram ist ein Folterknecht. Wer nüchtern bleibt, den lässt er unbehelligt, Tag und Nacht. Wehe aber dem, der sich versündigt. Einen rückfälligen Trinker züchtigt der notorische Sadist, bis er Reueschwüre hört. Manchmal sogar darüber hinaus, denn er liebt nichts mehr als das Leid und die menschliche Qual. Das umstrittene Medikament hemmt ein körpereigenes Enzym und blockiert auf diese Weise den Alkoholabbau. Stattdessen vergiftet es, simpel gesagt, den Organismus bei jedem Wodkaschluck ein bisschen mehr und sorgt für üble Folgen. Von Kopfweh, gereizter Haut, Erbrechen und Kälteschauern bis hin zu Herzrasen, Kreislaufkollaps und plötzlichem

Infarkt. Je höher die Promille des Suchtpatienten, desto schlimmer die Reaktion und wahrscheinlicher sein baldiger Exitus. Sollte ich wirklich über eine solche Behandlungsmethode berichten?

Lieber verabschiedete ich mich von Doktor Tod und sprach in einer staatlichen Entzugsklinik vor. Keine Frage, die russische Regierung ist durchtrieben, korrupt und brutal. So war es damals schon, und nun ist es umso offensichtlicher. Es machte jedoch nicht den Anschein, als wolle der Kreml das kapitale Alkoholproblem der Russischen Föderation leugnen. Anders als zur Jahrtausendwende, als man die Sterberaten der Süchtigen noch schamvoll verschwieg und davon absah, sie mit der Weltgesundheitsorganisation zu teilen. Nicht lange vor meiner Reise hatte der Staat sogar ein vollmundiges Anti-Alkohol-Programm auf den Weg gebracht: höhere Steuern auf Spirituosen, nächtliches Verkaufsverbot für Fusel jeglicher Art, Bußgelder für den Konsum auf offener Straße und vieles mehr. Etwa eine Null-Promille-Grenze für Fahrzeuglenker, was in Anbetracht der erschütternden Zahl von Verkehrstoten geradezu bahnbrechend war. Suff am Steuer konnte fortan mit hohen Geldstrafen und bis zu fünfzehn Jahren Haft geahndet werden. Als jedoch gleich eine ganze Million russischer Autofahrer in die Falle gingen, Jahr für Jahr wohlgemerkt, weichte man die Regelung lieber wieder auf. Auch die anderen Anti-Alkohol-Maßnahmen brachten eher durchwachsenen Erfolg. Wer in der Nacht keinen Spiritus bekommt, der kauft tagsüber doppelt oder brennt ihn selbst. Wer das Fläschchen nicht auf der Parkbank leeren darf, der trinkt es eben auf dem Sofa. Und wer schwindelnd hohe Preise für Wodka bezahlen soll, der säuft irgendwann Rasierwasser und Reinigungsmittel. Oder er trinkt sich Mut an, klaut einen Panzer aus einer Militärfahrschule, bricht damit durch die Glasfront eines Supermarkts in der Region Murmansk und versucht noch, eine Weinflasche mitgehen zu lassen, während die Staatsgewalt das Gebäude längst umstellt hat. So vermeldete es die Nachrichtenagentur Ria Nowosti unter Berufung auf die russische Polizei.

Ich hatte mit der Entzugsanstalt in Woronesch keinen Termin vereinbart. Umso verblüffter war ich, als mich der Klinikchef höchstpersönlich empfing. Zwar nicht wie einen Staatsgast, aber dennoch in offiziellem Ambiente. Er thronte an seinem Schreibtisch, der mit Fähnchen geschmückt war, und wartete, bis ich das feudale Leitungsbüro auf dem Weg zum ihm vollständig durchschritten hatte. Sitzend bedeutete er mir, vis-à-vis in einem Ledersessel Platz zu nehmen, während das übrige Fußvolk, Kameramann und Übersetzer, sich bitte mit einem der Schemel im weniger gut beleuchteten Hintergrund begnügen sollte. Wir hatten es mit einem wichtigen Herrn zu tun, was er uns mit jeder Geste spüren ließ. Die Aura der Macht, die ihn umgab, war in seinen Maßanzug eingewoben, wogte in jedem der stattlichen Pfunde, die er auf den Rippen trug, und schaute von einem Staatsporträt in seinem fleischigen Rücken auf mich hinab. Es war das Präsidentenbild von Wladimir Wladimirowitsch Putin, der unseren Dialog aus der Höhe zu verfolgen schien.

Habe ich Dialog geschrieben? Es war wohl eher ein Monolog. Machtmenschen ziehen es gelegentlich vor, sich die Fragen zu ihren Antworten selbst zu stellen. So kontrollieren sie den Diskurs und beweisen gleichzeitig ihre Potenz. Mir war es einerlei, dass mich der Klinikchef zu keinem Zeitpunkt ernsthaft zu Wort kommen ließ. Im Gegenteil, ich lehnte mich nach einer Weile zurück und genoss es, mir seine Worte in aller Ruhe dolmetschen zu lassen. Was er da nämlich mit sich selbst beredete, klang gut. Nein, es hörte sich sogar äußerst vielversprechend an: «Junger Mann, Sie möchten also über unser Therapie- und Rehabilitationszentrum berichten? Wissen Sie, was? Ich bitte sogar darum, denn die hochmodernen Heilverfahren dieser Einrichtung suchen ihresgleichen in Russland und der Welt. Sie wünschen noch dazu ein offizielles Interview mit meiner Person? Nun, das überrascht mich wenig, und es wird mir ein Vergnügen sein, Ihnen im Lichte der Kamera ausführlich Rede und Antwort zu stehen. Sie fragen sich, wann Sie mit den Dreharbeiten beginnen können? Ich versichere Ihnen auf Ehre und Gewissen: gleich in der Frühe.»

Der neue Morgen begann mit einem Déjà-vu. Wieder durfte ich das herrschaftliche Büro in voller Länge durchschreiten. Wieder landete ich im Sessel vor dem Klinikchef, wieder begnügten sich meine Kollegen mit den Schattenplätzen, während wir die Monologe des gewichtigen Herrn klaglos über uns ergehen ließen. Genauso wie Ignoranz und Penetranz zählt auch Redundanz zu den rhetorischen Mitteln der Macht: Erlaube mir, meine Ansichten aber und abermals zu wiederholen, bis du sie endlich akzeptierst. Und wenn sie dir schon aus den Ohren quellen, du Wurm, dann wirst du sie erneut zu hören bekommen. Warum? Weil ich es kann. Vor allem jedoch, weil auf diese Weise die Zeit verstreicht, und wie allseits bekannt ist, bedeutet zu viel Zeit auch zu viel Raum für Details und kritische Kommentare.

Eine Kleinigkeit unterschied sich jedoch vom Tag zuvor. Der Klinikchef, der für gewöhnlich über das Mienenspiel einer stalinistischen Marmorbüste verfügte, schmunzelte mit einem Mal. Was amüsierte ihn so? Ich beobachtete, wie sich seine Mundwinkel nach oben zogen, während er den Blick über meine Schulter richtete. Stimmen und Schritte schienen sich zu nähern, ein Klopfen hallte durch den Raum. Kaum wandte ich mich zur Tür, da schlug sie auch schon auf. Ich sah Stiefel, Rangabzeichen, Waffenholster, hörte ein Wirrwarr von Schreien und Befehlen. Sieben Männer stürmten das Büro: ein breitschultriger Kerl in Lederjacke, ein hagerer im sowjetisch grauen Trenchcoat und die übrigen in Milizuniform. Sie bewachten den Eingang und schirmten die Fenster zur Straße ab, während der Leiter der Klinik erstmals seit unserem Kennenlernen verstummte und sich mit zufriedenem Gesicht in seinen Sessel lehnte.

Von nun an ergriff der Herr im Trench das Wort. Ein Mann mit so schmalem, scharfkantigem Gesicht, als wäre es mit Kohle gezeichnet worden. Sein fein gezogenes Profil widersprach seinem rauen Ton. Mit Generalsstimme raunzte er den Übersetzer an, der aufgebracht wirkte, eine Diskussion begann und mich schließlich entschuldigend darum bat, meine Papiere hervorzuholen. Es wurde geblättert, mit Fingern auf Stempel gezeigt und heftig gestritten, es wurden Brauen gehoben, Bärte gekrault, Hinterköpfe gekratzt. Das Schauspiel nahm sein Ende, als ich den Dolmetscher schweigsam nicken sah. Bis dahin war ich noch immer davon überzeugt, ich würde bald darauf den seriösen Teil meiner Reportage drehen, und suchte mit einem bemühten Lächeln den Blick des Klinikchefs. Wollte der allgewaltige Herrscher der Heilanstalt, der an diesem Morgen vor die Kamera treten sollte, kein Machtwort sprechen?

Die Alkoholkranken bekam ich nie zu sehen. Stattdessen fand ich mich auf dem Rücksitz eines Streifenwagens wieder, links und rechts flankiert von Polizisten. Was war geschehen? Nun ja, Russland war geschehen. Der wilde, unberechenbare, autokratische Osten, wie wir ihn kennen.

«Das ist ein Stereotyp!», sagte der Dolmetscher, der auf dem Beifahrersitz saß und sich erbost zu mir umblickte.

«Ich fürchte, nicht», gab ich zurück. «Das ist der Geheimdienst.»

«Schwachsinn! Diese ewigen Vorurteile aus Sowjetzeiten! Du wirst sehen, es klärt sich alles auf.»

Wird langsam deutlich, warum ich den Namen des Übersetzers ebenfalls verschweige? So gern ich ihn mochte und so wunderschön die gemeinsamen Stunden in Olegs Gartenlaube gewesen waren, an diesem Punkt der Geschichte, als doch eigentlich Nerven gefragt waren, gerieten wir in Streit. Westen gegen Osten. Freiheit gegen Repression. Demokratie gegen Diktatur. So archaisch waren die Gedanken, die sich in unseren aufgewühlten Gemütern manifestierten.

Der Grund für unsere spontane Blaulichtfahrt war wenig überzeugend. Er wirkte zu trivial, um jemals in guter Gesellschaft darauf anzustoßen, daher bezeichnen wir ihn besser als Vorwand: Ein Ausländer, der länger als sieben Tage in Russland verweilt, muss sich registrieren – und zwar in jedem Hotel aufs Neue. So bleiben die amtlichen Behörden stets darüber informiert, wo sich die betreffende Person gerade befindet. Praktisch, nicht wahr? Es ähnelte einer Pilgerreise mit Stempelbuch. Ich zog von Stadt zu Stadt, von einer Rezeption zur nächsten und erhielt jeweils ein Kärtchen mit einem Stempelchen, das ich umsichtig im Reisepass aufbewahrte. Mit der Zeit ließ die Sorgfalt nach, denn der Zettel schien niemanden in Russland zu interessieren, ebenso wenig wie irgendeine andere staatlich gemachte Regel. Mag sein, dass ich in Woronesch gar keinen gestempelten Wisch bekommen hatte. Es ist auch möglich, dass er mir auf dem Weg zwischen Hotel und Klinik aus dem Ausweis gerutscht war. Fest steht nur, dass der Zettel jetzt fehlte. In solchen Fällen sieht das russische Gesetz ein Bußgeld von bis zu fünftausend Rubel vor, was bei marktüblichen Preisen dem Wert von fünf Literflaschen Wodka Smirnoff entspricht. In unserem Fall jedoch mobilisierte es eine komplette Einsatztruppe, sieben Männer, schwer bewaffnet, in mehreren Streifenwagen.

«Verstoß gegen das Migrationsgesetz»: So lautete der Vorwurf, als wir uns abseits der Stadt in einem verdunkelten Raum wiederfanden. Irgendwo in einem Verwaltungsgebäude mit vergitterten Fenstern, heruntergelassenen Jalousien und Wellblechpaneelen an der Fassade, die seltsam vertraut wirkten, denn sie waren gurkengrün. Wäre unsere Situation nicht so dramatisch gewesen, sie hätte wohl unfreiwillig komisch gewirkt. Im weitläufigen Büro der Klinikleitung waren alle Personen mühelos untergekommen, der Wortführer im Trenchcoat, der Kerl in Lederjacke, die vielen Polizisten und auch wir. Nun jedoch zwängten wir uns Mann um Mann in eine Amtsstube hinein. Ein piefiges, so prall gefülltes Dienstzimmer, dass die Aktenschränke kippelten und die Stempelkarussells quietschten. Als wäre das nicht genug, säumten zwei wuchtige Schreibtische den Raum. Beide sahen tüchtig nach Arbeit aus, so überhäuft waren sie von Bleistiften, Anspitzern und in der Hektik des Beamtenalltags verbogenen Büroklammern.

An einem Schreibtisch saß der Herr im Trench, zusammen mit einer Protokollantin, die weniger konspirativ gekleidet war. Sie trug einen veilchenblauen Pullover und schien bereit, jedes gesprochene Wort sorgfältig zu Papier zu bringen. Doch der sonst so redselige Zeitgenosse entschied sich vorerst zu schweigen, als wartete er auf den richtigen Moment. Hinter dem anderen Pult, zu meiner Linken, drängten sich die einfachen Apparatschiks. Sie standen wie Schläger an der Wand und verschränkten die klobigen Hände über dem Bauch. Einer von ihnen war der Breitschultrige in der Lederjacke. Er lehnte an einem Dokumentenregal wie jemand, der eine Zigarette an seiner Schuhsohle entzünden will, und ließ uns nicht aus dem Blick. Unverhohlen starrte er uns an. Es sei denn, wir sahen zu ihm herüber, dann wandte er sich noch im selben Augenblick ab. Wenn wir miteinander flüsterten, wurde er auffallend still. Verstummten wir, neigte er den Kopf zur Seite und tauschte wiederum leise Worte mit den anderen im Raum aus.

«Der Kerl versteht Deutsch!», stellte mein Kameramann fest und machte sich nicht einmal die Mühe, mit gedämpfter Stimme zu sprechen. Kurz darauf schlich der Mann ertappt zur Tür hinaus und sollte nicht mehr wiederkommen. Apropos Kamera. Die hätte sich mein Kollege nur über seine Leiche abnehmen lassen. Nach unserer fahrlässigen Moskauer Wodkanacht waren Tugend und Moral zurückgekehrt. Seither verteidigte er den wertvollen Apparat gegen alle Widerstände und hielt ihn sicher in seinem Schoß. Aber nicht nur deshalb war er ein Held: Erst viel später sollte ich erfahren, dass er das Rotlicht der Kamera abgeklebt hatte. Wie er mir gestand, rutschte er nicht etwa aus Furcht so nervös auf seinem Stuhl herum, mal hierhin, mal dorthin gebeugt, sondern weil er heimlich filmte – und auf diese Weise möglichst viele Visagen auf Video bannen wollte. Wenn diese Herren meinten, unsere Dreharbeiten behindern zu müssen, warum auch immer, dann drehte er eben seinen eigenen inoffiziellen Film. Und so verging die Zeit, eingezwängt vom historischen Mobiliar des sowjetischen Verwaltungswesens. Allein der Ruf der Natur gewährte uns gelegentlich einen Luftzug. Wen es drängte, den begleitete ein Milizionär die Treppen hinab bis zum Örtchen und wieder hinauf. Von einem dieser Gänge kam der Dolmetscher schnaufend und mit bleichem Gesicht zurück. Es schien, als sei ihm nicht ganz wohl.

«Nowitschok?», fragte ich.

«Njet», entgegnete er, jedoch ohne Amusement.

«Geht es dir gut, Genosse?»

«Nichts ist gut»

«Nun, das ist schlecht.»

«Nein», sagte er und ließ sich mit einem Seufzen auf seinen Stuhl hinuntersinken. «Das ist nicht nur schlecht, weißt du, das ist der Geheimdienst. Der Polizist hat es mir draußen vor der Tür erzählt. Klopf dir auf die Schulter, mein Freund, du hast von Anfang an richtig gelegen: herzlich willkommen beim FSB.»

Federalnaja Sluschba Besopasnosti, der föderale Dienst für Sicherheit. Inlandsgeheimdienst. Spezialität: Spionageabwehr. Ich nahm die Information meines Kollegen zur Kenntnis. Nicht mit Befriedigung, denn es fühlte sich schon einmal besser an, im Recht zu sein. Aber auch nicht mit großer Bestürzung, wie man meinen könnte. Bis heute überlege ich, warum ich damals so fest davon überzeugt war, dass uns nichts passieren würde. Schließlich hatten wir es wahrhaftig mit dem legitimen Nachfolger des sowjetischen KGB zu tun. Ich bin kein Held, kein unerschrockener Abenteurer, den man das Fürchten lehren muss, doch anscheinend bin ich ein Träumer. Statt an grausame Attentate, Verschleppung und politische Morde dachte ich an vergiftete Schuhspitzen. An James Bond, Indiana Jones, «Yippie-ya-yeah, Schweinebacke!» und all die anderen Filme, an deren Ende immer alles gut ausgeht – bis auf Nikita und Dr. Seltsam vielleicht. Zu viele solcher Szenen spielten sich in der Amtsstube ab, und auch die nächste begann wie einstudiert und schon tausendmal gesehen, klischeehaft besetzt und mit dem üblichen Kostüm ausgestattet.

Der Wortführer erhob sich. Er trat hinter dem Schreibtisch hervor, entledigte sich seines Trenchcoats und krempelte in provokanter Gelassenheit die Hemdsärmel auf. Anschließend griff er nach einem Stuhl, drehte ihn zwischen den Beinen herum, dass das Holz auf den Boden krachte, und nahm darauf Platz. So konnte er sich mit den Unterarmen auf die Lehne stützen, ganz wie der klassische Bösewicht, der den entführten Protagonisten verhört. Es fehlte allerdings noch ein Handlanger, der Ganove an der Seite des Genies. Was wäre ein Doktor Frankenstein ohne einen Igor?

Der Russe, der nun zur Tür hereinkam, entpuppte sich als Fehlbesetzung. Kannte er das Drehbuch nicht? Er hätte sich bloß in eine Ecke setzen, grimmig dreinblicken und bis zu seinem Einsatz schweigend verharren müssen. Stattdessen grüßte der junge Mann freundlich, wischte sich eine Strähne aus dem Gesicht, schüttelte mir die Hand und tauschte vor der Vernehmung noch ein paar heimliche Worte mit mir aus. Auf Deutsch, wie sich versteht. Eine Sprechrolle im engeren Sinne war überhaupt nicht für ihn vorgesehen. Er sollte ein Sprachrohr sein, der linientreue Dolmetscher der Staatsgewalt, und als solcher die folgenden Fragen und Antworten übersetzen. Ehe jedoch die Vernehmung begann, bat er mich im Namen seines Landes um Vergebung: «Das alles ist eine Schande», flüsterte er und sagte, wie sehr er sich für seine Heimat schäme, denn niemand von uns habe irgendetwas verbrochen. «Denken Sie bitte daran, dass nicht alle Russen so sind wie diese Leute hier. Egal, was Ihnen heute noch widerfährt.»

«Herr Gastmann!», hob der FSB-Agent nun die Stimme, um die lange erwartete Verhörszene einzuleiten. Nach einer rhetorischen Pause sah er mir in die Augen und beugte sich mir auf dem umgedrehten Stuhl so weit entgegen, dass die Lehne knarzte. «Wie lautet der Titel Ihres TV-Berichts?»

«Ähm ...»

Für eine Sekunde überlegte ich, was ich antworten sollte – anstelle von «Wie voll sind tausend Russen?».

«Sinngemäß lautet er: Rausch im Riesenreich – Russlands Kampf gegen den Alkoholismus.»

«Sind Sie das erste Mal in Russland?»

«Ja ...?», gab ich fragend zurück und blickte zwischen ihm und dem soufflierenden Dolmetscher hin und her, der nun ganz seine zugedachte Rolle spielte. Ich war noch immer darüber erstaunt, wie mutig ein Mensch sein konnte.

«Planen Sie wiederzukommen?»

«Nun ...»

Ich geriet erneut ins Stocken.

«Das hängt ganz vom Verlauf dieses Tages ab.»

Da lächelte der FSB-Agent in sich hinein. Wusste er doch schon genau, mit welcher Methode er dafür sorgen würde, dass wir uns in diesem Leben niemals wiedersähen. Was hatte der Mann im Sinn? Eine Geldstrafe? Die sofortige Ausweisung samt Einreisesperre? Oder gar Haft? Die Antwort lautete: Folter. Der russische Staatsapparat quälte uns in erbarmungsloser Weise mit Formularen, Protokollen und Fingerabdrücken. Nichts als bürokratische Schikane, so lange, bis ich mir sehnsüchtig Olegs Banja und die glutheißen Birkenzweige zurückwünschte, den Pfahl, den Falken, die vielen bunten Schmetterlinge. Nach fünf Stunden ließ uns der Agent wieder frei und erteilte mir zum Abschied noch einen Rat: «Widmen Sie sich lieber wichtigeren Dingen, anstatt Ihre Zeit mit nutzlosen Recherchen zu verschwenden», sagte er. «In Russland gibt es keine Alkoholprobleme.»

DIE ERSTE REISE

Borkum – Paris – Sozialistische Republik Rumänien

Wenn ich an meine erste Reise denke, dann liegt vieles im Dunkeln. War ich vier Jahre alt? Oder vielleicht schon fünf? Es gibt ein Foto davon. Meine Mutter ist darauf zu sehen, in falschem Pelz und rebellischer Lederhose, meine Großmutter, die uns zum Abschied in den Hafen von Emden begleitet, und ich selbst, mit Gummistiefeln und roter Strickmütze im Stil von Jacques Cousteau. Es war Winter, so weit kann ich mich noch erinnern, an das Weltgeschehen jedoch kaum. Vor nicht allzu langer Zeit war der Schah aus Teheran geflohen, der Heilige Stuhl hatte drei Päpste in nur einem Jahr erlebt, und Sigmund Jähn flog als erster Deutscher ins All, leider aufseiten der falschen Republik.

Auf jenem Foto, vermutlich von meinem Großvater aufgenommen, spazieren wir den Kai entlang. Dort hat die «Emsland» angelegt, wie auf dem Bug zu lesen ist, ein nicht mehr ganz so weißes Schiff, dessen Rettungsboote in Orange über der Reling baumeln, während die beiden Schornsteine auf das Signal zum Auslaufen warten. Es war eine Autofähre, in Japan gebaut und berüchtigt für ihre Schieflage, verraten Archive. Kurz nach der Überführung war sie umgeschweißt worden, weil die «Emsland»

wie ein Seehund in den Nordseewellen trieb und die Bull-
augen des unteren Decks im Wasser verschwanden, wenn
sie beladen war. Apropos Fracht: Zwar ließ sich die Bug-
rampe herunterklappen, aber sie war zu kurz, um sie an
Land zu legen. Darum musste man sich wohl an besag-
tem Wintertag mit Stahlplatten behelfen, als so mancher
VW Käfer und Mercedes Strich-Acht in den Bauch der
Fähre rollte.

Wie wir lächeln auf dem Bild. Mag sein, dass ich in
diesem Augenblick, von Möwen umkreist, zum ersten
Mal die Sehnsucht nach der Ferne spürte. Unsere Tage
an der See waren jedoch nicht als Vergnügungsurlaub
gedacht. Wir reisten zur Mutter-Kind-Kur nach Borkum,
auf die größte, westlichste und vielleicht morbideste aller
Ostfriesischen Inseln, wenn es nach meinen Erlebnissen
als kleiner Junge geht. Warum meine Mutter eine Auszeit
brauchte? Aus irgendeinem Grund habe ich mir niemals
Gedanken darüber gemacht, erst jetzt, während ich diese
Zeilen schreibe, beginne ich zu verstehen.

Meine erste Reise war auch meine erste Fahrt über das
Meer. Und das, obwohl ich meine Kindheit an Bord eines
Ozeanriesen verbrachte. Ich wuchs auf dem «Dampfer
Europa» auf, wie ihn mein Urgroßvater taufte, ein Haus
wie ein Schiff auf hoher See. Er ließ es an Land errichten, womöglich weil er so wasserscheu war. Der alte Heinrich wagte sich immer nur bis zu den Knien ins kühle
Nass. Er war von kleiner Statur, doch äußerst zielstrebig
in seinem Wesen. Meine Familie legt Wert darauf, dass
ich ihn nicht als Tyrannen bezeichne, aber ein Despot,
ja, ein Despot sei er durchaus gewesen. «Unter mir kann
jeder nach meiner Fasson glücklich werden», lautete das

Credo des Patriarchen, der lediglich zwei Schwächen besaß: seine verhängnisvolle Neigung zu Sahnetorten und seinen Cäsarenwahn. Was sind schon die Pyramiden von Gizeh oder das Kolosseum in Rom, wenn man sich wie ein Kreuzfahrtkapitän fühlen kann auf einem weißen Luxusliner in Osnabrück?

Diese Prunksucht spiegelt sich in dem Bauplan des Hauses wider, der heute in einem Museum meiner Heimatstadt zu bewundern ist. Mein Urgroßvater heuerte einen renommierten Architekten an, um seinen maritimen Traum zu verwirklichen. Der war inspiriert, nahm Stift und Zirkel und zeichnete drei Decks auf das Papier. Sie sind von Gangways umgeben, die hinunter in den Rosengarten führen. Selbstverständlich ist dort auch ein Laderaum zu finden, in dem mein Urgroßvater in glanzvollen Zeiten seinen Bugatti parkte. Das Heck des Dampfers ragt imposant empor, und der Blick durch seine Panoramafenster muss weit in die Ferne gereicht haben, ehe Lindenbäume die Straße säumten und Nachbarn in die Gegend zogen. Der Bug ist schlank und rund. Früher beherbergte er einen Salonflügel auf seinen verglasten Etagen, die im Winter wie Gewächshäuser waren, und noch immer verfügt das Vorschiff über ein charmantes Sonnendeck. Ganz oben, unter dem Ziegeldach, duckt sich die Kommandobrücke. Hier wachte mein Urgroßvater und sah durch Scheiben, die an Schiffsluken erinnern, über seine Welt.

Heinrich Gastmann war Grossist. Sein Warenhandel, den er in den Goldenen Zwanzigern gründete, bot ein mannigfaches Sortiment. Von Nähmaschinen über Gummireifen bis hin zu fünfundzwanzig verschiedenen

Ledermanschetten für Luftpumpenventile. Urgroßvaters «Markenfahrräder», wie er sie stolz bewarb, suchten weit und breit ihresgleichen. Er ließ sie auf Pferdefuhrwerken in die Stadt kutschieren und hielt in einer Firmenchronik fest, welche «stürmische Abnahme» sie fanden. Der beste Geschäftsmann war er bedauerlicherweise nicht. Statt sich um sein Monopol zu sorgen, sah er lieber den Angestellten auf die Finger: Wie oft stiegen sie hinab in den Keller, um das Klosett aufzusuchen, und wie lange verweilten sie dort? Waren die Bleistifte angespitzt und die Schwämmchen feucht, mit denen man Postwertzeichen klebte?

Einmal zeigte sich mein Urgroßvater von seiner generösen Seite. Es muss ein erstklassiges Geschäftsjahr gewesen sein, denn zum Ende spendierte er ein Weihnachtsgeld. Adventskerzen brannten, und es roch nach Tannennadeln, während Heinrich inbrünstig auf dem Harmonium spielte. Nach der musikalischen Andacht an jenem Sonntagmorgen wies er die Belegschaft an, sich der Reihe nach aufzustellen. Wie ein General schritt er sie ab, drückte jedem ein Fünfmarkstück in die ausgestreckte Hand und setzte zu einer Rede an, die manchen zu Tränen rührte. Es gebe Menschen auf der Welt, sagte er, die von fünf Mark nur träumen könnten. Mein Urgroßvater schlug die Augen nieder, senkte den Kopf und fabulierte von den armen hungernden Waisenkindern in Afrika. Anschließend ging er mit dem Hut herum und forderte das Weihnachtsgeld wieder ein. Trotz der spitzen Bleistifte, der feuchten Schwämmchen und der peniblen Buchführung fand sich nie eine Spendenquittung für die wohltätige Gabe.

Als ich zu laufen begann und meine Welt erkundete, stieß ich auf Tretkurbeln, Speichenräder und Sattelstützen. Im Keller sammelte ich silberne Perlen, die aus den Ringen der Kugellager gerollt waren. Überall lauerten Schätze aus den Epochen der Fahrraddynastie, sogar eine Öllampe, die in früheren Zeiten an Lenkern brannte. Einen Salonflügel oder einen Bugatti entdeckte ich nicht. Der Kapitän, der lieber auf dem Trockenen saß und sich täglich Schwarzwälder Kirschtorte servieren ließ, war längst dem Cholesterin erlegen. Bis heute munkeln Verwandte, sie hätten niemals wieder eine so glückliche Leiche gesehen. Wirkte mein Urgroßvater derart zufrieden, weil er kurz vor dem Tod seine junge Sekretärin zum Altar geführt hatte? Kaum war er kalt, sah man sie schon mit dem Familienschmuck die Treppen heruntersteigen. Die Witwe trug die Ringe, Ketten und Broschen in einer Suppenschüssel davon, und als der alte Heinrich unter die Erde kam, verpasste sie das «Ruhe sanft!» seiner Brüder aus dem Schützenverein. Sie müsse vielmals um Vergebung bitten, sagte die Trauernde mit brüchiger Stimme. Es seien noch Einkäufe zu erledigen gewesen.

Mit den Jahren übernahm meine Mutter das Kommando an Bord. Sie lernte Design und Fotografie, doch in der hohen Kunst, Lebensfreude zu schenken, war sie immer schon eine Meisterin. «Warum gehst du nicht vor die Tür?», fragte sie mich einmal, als ich Teenager war. «Genieß deine Jugend, trink einen über den Durst, bleib zu lange weg, mach Fehler, geh über Grenzen, probiere ein paar neue Dinge aus – aber bitte kein LSD, das kann ich dir nicht empfehlen.»

Wogegen sollte ich da noch rebellieren?

Unter der Kapitänin meiner Kindheit füllte sich der «Dampfer Europa» mit Reisenden, Vagabunden und blinden Passagieren. Zu jedem Deck gehörte ein Kläppchen, wie wir es nannten. Eine Luke in der Wohnungstür, gerade groß genug, um den Arm hindurchzustrecken und mit der Hand die Klinke zu drücken. War das Kläppchen entriegelt, musste niemand klingeln oder klopfen, um zu Besuch zu kommen. Es kursieren Bilder aus dieser Zeit, und nicht immer weiß meine Mutter zu sagen, wer all die Leute waren, die sich damals bei uns eingeladen hatten. Verbrieft ist jedoch, dass einer von ihnen versuchte, seinen Heimweg abzukürzen. Er sprang vom Sonnendeck herunter und kam auf der Terrasse der zweiten Ebene auf, wo er sich die Kniescheiben brach. Dort schlug er verzweifelt gegen die Balkontür, um Einlass zu erhalten. Als er die Glasscheibe mit den Fäusten durchbrach, schnitt er sich auch noch die Pulsadern auf. Obwohl kein Schiffsarzt zugegen war, überlebte der junge Mann.

Wenn der erste Frost über das Haus kam und seine Fenster mit Reif überzog, lud meine Mutter zur Grünkohlfete ein. Das Herbstgemüse schmorte zusammen mit Kassler, Speck und selbst geernteten Kartoffeln in Töpfen, die in meiner Erinnerung bis zur Küchendecke reichen. Die Würste schnitten wir vor dem Fest im Kreise der Verwandtschaft klein. Eine gesellige Tradition mit scharfen Messern, bei der ich einmal so ins Plaudern kam, dass ich mir beinahe den Zeigefinger amputierte. Zu viel des Guten – so lautet das Rezept der lokalen Spezialität, zu viel Fett, zu viel Salz, zu viel Kümmel, zu viele Stunden kochen und später viel zu viel Senf dazuzugeben. Das Ergebnis sah für Kinderaugen nicht unbedingt appetitlich aus, und dennoch liebte ich es genauso wie die Gäste. Während der Kamin brannte, löffelten sie den Kohl in der Küche, der Diele, an der Hausbar im Flur und in jedem anderen Zimmer, das offen stand. Sie sangen, tanzten, stießen an und sagten erst Lebwohl, wenn die Schüsseln und Töpfe bis auf den Grund geleert waren.

Mein Vater reiste nicht auf dem Familienschiff. Obwohl er Vollblutmusiker war, ein Sänger und Gitarrenkünstler durch und durch, und sogar über eine ausgeprägte Liebe zur Seefahrt verfügte, passten meine Eltern nicht zusammen. Das Leben ist kein Roman und der blaue Lampion längst nicht so makellos rund, wie er manchmal erscheint. Doch egal, wie schwer es als Solo-Mum in den Siebzigerjahren war, meine Mutter schuf mir eine heile Welt. Und war die Welt einmal nicht heil, dann las sie die Scherben auf und fügte sie wieder zusammen. Genauso war es auf unseren Reisen, wenn wir gemeinsam die weißen Flecken auf dem Globus erkundeten, der im Kinderzimmer leuchtete.

Die «Emsland» besaß nicht dieselbe Eleganz wie der «Dampfer Europa», dennoch brachte sie uns sicher ans Ufer von Borkum, der unentdeckten Insel in den Nordseewellen. Damals, auf meiner ersten Reise, kehrten wir in eine christliche Kuranstalt ein. Eine sehr christliche Kuranstalt, wie sich zeigte. Und obwohl ich meine Kinderbibel mochte, genauso wie meine Mundorgel voller frommer Fahrtenlieder, träume ich noch immer schlecht von diesem Ort. Meine Mutter hatte die Taufe abgesagt, als sich meine Eltern trennten. «Der Kleine soll sich selbst für eine Konfession entscheiden, wenn er groß ist», sagte sie sich, und bis zum heutigen Tage suche ich nach der richtigen Religion.

Im Seebad Borkum muss ich Sympathien für den Teufel entdeckt haben, immerhin für eine Zeit. Freude, Freiheit und Abenteuerlust trafen in jenem gottesfürchtigen Haus auf Dogmen und Sakramente. All das weckte meine Dämonen, ich wurde laut, wild, renitent. Meine Erinnerung ist glücklicherweise nur in Bruchstücken vorhanden, aber ich weiß noch, wie oft ich ins Büro des Heimleiters zitiert wurde, um mir seine Predigten anzuhören: Kreisch nicht so, spring nicht herum, schalt bloß nicht den Fernseher in der Stube der geistlichen Zusammenkunft an. Im Namen des Herrn wollte er den Jungen und Mädchen in seiner Obhut sogar verbieten, sich an Fasching zu verkleiden und Polonaise zu tanzen. Es sei ein frevelhafter heidnischer Brauch, unvereinbar mit der Kirche, belehrte er meine Mutter. Daraufhin besorgte sie Partyhüte, Luftschlangen und Konfetti und schminkte uns Kinder erst recht, und zwar so schrill und ketzerisch, wie es nur ging.

Eine zweite Reise führte meine Mutter und mich in die SRR, die freie und unabhängige Sozialistische Republik Rumänien. Touchdown in der Diktatur. An Bord eines verrauchten Fliegers setzten wir im Reich von Nicolae Ceaușescu auf. Ein Mann, der zweifellos zu den wahren Tyrannen der Weltgeschichte zählt und deshalb keineswegs den sanften Tod des Cholesterins starb wie mein Urgroßvater. Er endete an einer Kasernenwand, die Hände auf den Rücken gebunden, das Gesicht kurz darauf im Dreck. Gewiss entschied sich meine Mutter für den Urlaub in Rumänien, weil er so erschwinglich war.

Dennoch logierten wir im besten Hotel des Landes, zumindest für jene, die mit harter Währung zahlten. Das zeigte sich während des Abendessens, wenn die Gäste streng nach Herkunft platziert wurden. Auf einer Seite des Saals speisten die Bürger des Westens, in der Mitte die Genossen aus der Deutschen Demokratischen Republik und auf der anderen Seite die Rumänen. Was wir von unserer Mahlzeit übrig ließen, fand sich am nächsten Tag auf den Tellern der Brüder und Schwestern aus dem Osten wieder. Erst danach hatten die Einheimischen das Vergnügen.

Einer der Kellner kümmerte sich besonders liebevoll um die Kinder. Als ich in den Ferien meinen Geburtstag feierte, stellte er Kerzen auf und legte mir eine Flöte auf den Frühstückstisch, aus Holz geschnitzt und handbemalt. Meine Mutter war so gerührt, dass sie dem jungen Rumänen als Dankeschön ihren Walkman überließ – etwas, wovon er in seinem Land nur träumen konnte. Eine nette Geste, die sie noch vielfach bereute. Wir sahen den Kellner nicht wieder. Weil er ein Geschenk des Klassenfeinds akzeptiert hatte, wurde er aus dem Hoteldienst entlassen.

Wer von zwei Reisen aus der Kindheit erzählt, sollte auch von einer dritten erzählen. Sie ging nach Paris, und vielleicht war es von Anfang an die falsche Entscheidung, als junge alleinerziehende Frau in die Stadt der Liebe zu fahren. Noch dazu in einem Bus. Das Schnäppchen war allerdings kaum zu ignorieren: fünf Nächte, vier Tage, drei Sterne, inklusive Sightseeing und Bootstour auf der Seine. Um dieses Angebot zu ermöglichen, agierte der Fahrer in Personalunion als Reiseveranstalter und Führer. Jene letzte Rolle gefiel ihm zweifellos am besten. Wenn er auf seinem Sturm nach Westen zum Mikrofon griff, schwelgte er in seinen Reden. Mit flammenden Worten ließ er die Panzerschlachten jenseits der Reichsautobahn lebendig werden, ebenso wie die Soldaten der Wehrmacht, deren Gräber die Straßen säumten. Weder ahnte ich, was ein Altnazi war, noch, was ich unter einem Fascho oder einem reaktionären Schwein zu verstehen hatte, doch meine Mutter sollte es mir schon bald erklären. Aufgebracht, wie sie war, ermutigte sie eine Gruppe von Kegelbrüdern, gemeinsam die Stimme zu erheben, und es dauerte nicht lange, da protestierten die Reisenden so entschieden gegen den Fahrer, dass er endlich verstummte. In Paris angekommen, rächte er sich jedoch. Während die Kegler das versprochene Drei-Sterne-Hotel genossen, folgten wir ihm quer durch Montmartre, zu Fuß, mit unseren Koffern in der Hand. Der Führer brachte uns ins Quartier Pigalle, wo er Mutter und Sohn in einem Stundenhotel einmietete, mitten im Rotlichtviertel. Unter dem Bett rauschte die Metro vorbei, im Nebenzimmer verprügelte jemand eine Frau, und ich sah meine Mama weinen.

Wenigstens gab es nach jeder Reise etwas zu erzählen.

«Ihr glaubt ja nicht, wie versaut die Franzosen sind!», sagte ich zu meinen Freunden, sobald ich nach Hause kam. Dann beschrieb ich ihnen die leicht bekleideten Pariserinnen in ihren seltsamen rot ausgeleuchteten Schaufenstern auf dem Boulevard de Clichy. «Und bei den Leuten in Rumänien wird nichts weggeschmissen, die essen alles auf!», wusste ich zu berichten, was durchaus eine wertvolle Lehre war. Dank meiner Mutter hatte ich die Welt gesehen, nun ja, zumindest einen kleinen Teil, und kehrte jedes Mal ein wenig klüger zurück. Es gibt ein berühmtes Kuckuckszitat, das dazu passt. Ob es tatsächlich von Alexander von Humboldt stammt, ist umstritten, aber sicherlich hätte er ihm zugestimmt: «Die gefährlichste Weltanschauung ist die Weltanschauung derer, die die Welt nie angeschaut haben.»

Meine Mutter war es auch, die mir beibrachte, wie man eine Story von unterwegs erzählt. Abenteuerlich, spannend, farbenfroh und stets versöhnlich.

«Keine Geschichte darf traurig enden», sagte sie einmal. «Auch wenn die Welt nicht so ist, wie wir sie uns wünschen, lass die Leute nicht im Regen stehen. Gib ihnen Hoffnung, ein wenig Licht, etwas Schönes, woran sie festhalten können. Schreib zum Abschluss deiner Geschichte: Und es wurde doch noch ein schöner Tag.»

Mit diesen Worten endete von nun an jeder meiner Schulaufsätze, was meine Deutschlehrer zunächst rührte und in der Folge zunehmend irritierte.

Und der «Dampfer Europa»? Bei all dem Regen, der über meiner Heimat niedergeht, ergraute er mit der Zeit und verlor den Glanz. Als ich längst von Bord gegangen war, ließ meine Mutter ihn streichen, den hundertjährigen Kahn. Nicht jedoch weiß, wie es mein wasserscheuer Urgroßvater wollte. Sie entschied sich für ein kräftiges Orange, stellte Buddhafiguren auf und hisste eine Piratenflagge im Garten. Und es wurde doch noch ein schöner Tag.

DER EINSAME FLUCHER
IN DER WÜSTE

Golden Outback

E he ich ihn sah, hörte ich seine Stimme. «Bloody wanker!», schimpfte Glyn. «Zum Teufel noch mal, ich knall dich ab!» Dann taumelte ein kleiner, gedrungener, bärtiger Mann in Bermudas aus der Tür, stieß ein Fliegengitter beiseite und lud mit beherztem Griff seine doppelläufige Schrotflinte durch. «Dumbarse!», rief er. «Du verdammter Bastard!»

Sagen wir so: Ich wurde schon freundlicher zu einem Interview begrüßt. Dabei war mir der Besuch auf dem Anwesen von Glyn Morgan wärmstens empfohlen worden. Glyn sei ein herzlicher, kultivierter, höchst eloquenter Gesprächspartner. Genau der Richtige, um gemeinsam auf Schatzsuche zu gehen. «Schwing dich in den Wagen, Kumpel, stell den Tacho auf null, und fahr dreiundzwanzig Meilen nach Norden», hieß es in Kalgoorlie, einem Goldgräbernest in der australischen Wüste. «Dreiundzwanzig Meilen über den Highway, immer geradeaus durch den Outback, dann scharf links, und du kommst zu Glyn. Wenn die Zahl Vierundzwanzig auf dem Tacho erscheint, Pech gehabt, Freundchen, dann bist du am Ziel vorbeigeschossen.»

Und so hatte ich sein Haus gefunden. Eine Outback-Hütte neben einer zweiten, die mir noch weniger zum Wohnen geeignet schien. Es sei denn, man legt Wert auf Dingozäune, verstreut herumliegende Achsen, Felgen, Stoßdämpfer und Federbeine sowie blätternde Holzfenster, die mit Zeitungspapier und nikotinfarbenen Gardinen verschattet sind. Das Ambiente versprühte den Charme eines Autofriedhofs. Kipplaster und Bulldozer rosteten im roten Sand. Das Wrack eines mintgrünen Holdens mit geschwungenen Radkästen lag kopfüber auf seinem Blech. Nahebei schmorte ein ausrangierter Schulbus in der Sonne. Jemand hatte die Scheiben verrammelt, eine archaische Kühlanlage auf das Dach montiert und einen Bullenfänger aus Stahl vor die Front geschweißt. Gerade so, als bereitete sich Glyn an seinem Wohnsitz auf die Zombieapokalypse vor.

«For fuck's sake!», fluchte er und sprintete auf seinen kurzen Beinen schnurstracks an mir vorbei, immer der abgesägten Flinte nach in den Vorgarten. Wobei das Wort «Garten» eher unpassend wirkte für das karge Gestrüpp, das vor dem Haus aus dem Wüstenboden ragte. «Ich erschieß dich!», schallte es zwischen Akazien, Emusträuchern, Malleebüschen und Schlangenfallen. «Arschgeige, warte nur, diesmal bist du dran!»

Nun möchte ich keineswegs den Eindruck erwecken, Glyn Morgan sei ein Irrer gewesen. Auch wenn es zweifellos den Eindruck machte. Er war bloß ein Mann, der Prioritäten im Leben setzte. Glyn hatte meine Anwesenheit durchaus bemerkt. Wichtiger aber war ihm zunächst, den Kakadu zum Schweigen zu bringen, der ihm schon seit viel zu langer Zeit auf die Nerven fiel. Er bezeichnete ihn als *Fucktard*, den armen Vogel, was ich wohl besser nicht übersetzen sollte.

Während Glyn also beschäftigt war, warf ich einen weiteren Blick in seine Nachbarschaft. Wie sich zeigte, gehörte zu den abgeschiedenen Buschhütten am Goldfields Highway noch eine Bar mit Fremdenzimmern. Der klassische Aussie-Pub, wo die Tresengäste ihre Namen mit Farbstiften hinterließen – auf der Biertheke, der Schwingtür zur Küche, dem Gang zur Pinkelrinne, den Wellblechwänden und sogar auf den Dachbalken unter dem gezimmerten Giebel. So eindrucksvoll es jedoch war, wie hoch eine Bierleiche noch klettern konnte – «Pissed as a parrot», hätte Glyn gesagt –, so kurz dauerte meine Erkundungstour. Mehr gab es an diesem verlassenen Ort auf Erden nun wirklich nicht zu sehen.

Ein zerbrochenes Schild erzählte davon, wo ich gelandet war. Ich entdeckte es im Sammelsurium rund um Glyns Reich, irgendwo zwischen Ölfunzeln, rostlöchrigen Pfannen, einem Hirschgeweih unerklärlicher Herkunft und dem in Würde verblassenden Jugendporträt von Lou Reed. Als ich die Splitter der beiden herunterbaumelnden Bretter zusammensetzte, las ich «Broad Arrow» darauf. An genau diesem Fleck war irgendwann einmal ein glücklicher *Aussie bloke* über einen Goldklumpen gestolpert. Der Legende nach markierte er die Fundstelle mit einem breiten Pfeil, und wie so oft in der Geschichte blieb seine Entdeckung nicht lange geheim. Mit dem Symbol im Sand strömten die Schürfer und Gräber nach Broad Arrow, wo die Temperaturen selten unter vierzig Grad Celsius sanken. Und wenn doch einmal Wolken aufzogen, so waren sie schwarz, und der Regen fiel in Sturzfluten vom Himmel. Nach den ersten Goldsuchern kamen die Gastwirte in die Gegend, bald darauf die Biersieder und Branntweinbrenner, dann die Mädchenhirten und zu guter Letzt die Heilsarmee.

In der kurzen Blütezeit des Schürfstädtchens sollen fünfzehntausend Menschen hier gewohnt haben, was angesichts der deprimierenden Ödnis kaum zu fassen war. Vertraut man den Überlieferungen, verfügte der Wüstenort einmal über sage und schreibe acht Hotels, zwei Brauereien und eine Schnapsdestille, eine Börse und zwei Banken, ein gut ausgelastetes Siechenhaus, eine Heilkrämerei, eine Briefstube und eine Gendarmerie, Tuchläden, Hufschmieden, Bäckereien und eine eigene Zeitung. Die letzte Ausgabe des *Broad Arrow Standard* war im Jahre 1899 erschienen, die letzte Goldader versiegte zwanzig Jahre darauf. Und ein knappes Jahrhundert später jagte der letzte Bewohner von Broad Arrow einen kreischenden Kakadu in die Flucht.

«Suck a fart!», rief Glyn dem Flattermann hinterher, was in seiner Rhetorik eine geradezu zärtliche Weise war, unwillkommenen Besuchern Lebewohl zu sagen. Nun konnte sich Glyn Morgan endlich von seiner gastfreundlichen und staatsmännischen Seite zeigen, galt er doch als offizieller Repräsentant der westaustralischen Vereinigung für Goldsucher und Grundstückspächter. Glyn lüftete seine verspiegelte Sonnenbrille. «Keen for a cold one?», fragte er, und ich folgte ihm in die Küche.

Damit auch an diesem Punkt keine Missverständnisse entstehen: Glyn war weder ein Tierschänder noch ein Vogelhasser. Ganz im Gegenteil, ein gewisses Faible für gefiederte Freunde konnte man ihm unterstellen, schließlich lebte er seit Jahren alleine mit einem Wellensittich. Über den Zustand seines angehäuften Inventars und Mobiliars will ich im Einvernehmen mit Mister Morgan lieber Stillschweigen wahren. Wie sich von selbst versteht, hätte die eher maskulin geprägte Hauseinrichtung durchaus eine weibliche Hand vertragen können. Glyn war derselben Meinung, wovon ich später noch erzählen werde. Erst mal suchte ich das Gespräch.

«Yeah, right», sagte Glyn, als ich ihm verriet, weshalb ich ihn überhaupt in seiner Wüstenresidenz beehrte. Der Grund meines Kommens war mit einer großen Bitte verknüpft: Ich hielt Ausschau nach einem erfahrenen Schürfer, der mich auf die Jagd nach Nuggets begleitete. Denn wie sollte ich über den Goldhunger berichten, den Rausch und den Wahn, der einmal so viele Glücksritter in den Westen gelockt hatte, ohne ihn am eigenen Leib zu spüren? «Easy done, mate», fügte er grinsend hinzu und vollendete seine Replik mit einem geradezu euphorischen «Piece of cake!».

Mein Gastgeber, der Flucher in der Wüste, wirkte mit einem Mal so offen, warmherzig und liebenswert, dass ich kaum glauben konnte, wie mir geschah. Aus den alten Bergbaustädten in der Umgebung war ich rauere Töne gewohnt. Ich befand mich im Golden Outback, rund vierhundert Meilen ostwärts von Perth, der einzigen ernst zu nehmenden Metropole weit und breit. Der Zwillingsort Kalgoorlie-Boulder, in dem ich abgestiegen war, hatte sich eher als versandendes Westernstädtchen im viktorianischen Stil entpuppt. Von den Dutzenden Bordellen, die es dort unter den spitzen Dächern und geschnitzten Giebeln einmal gegeben hatte, blieb nur noch das «Pink

House» in der Hay Street. Das «Museum of the Goldfields» war eher Kneipe als Erinnerungsstätte – jedoch immer eine ausgezeichnete Wahl. Und auch im «Palace Hotel» in der Hannan Street, meiner Unterkunft, saß man lieber bis tief in die Nacht am Tresen, als treppauf ins Zimmer zu wanken und es dort vergeblich mit Schlaf zu probieren.

Die Geisterstadt Kanowna, ganz in der Nähe, hatte ebenfalls goldene Zeiten hinter sich. Ein gewisser Tom O'Connor, der jenseits historischer Quellen bloß als «lucky bastard» betitelt wurde, stieß dort auf ein Nugget im Wert von sagenhaften fünfzehntausend Pfund Sterling, womit er in heutigen Tagen vielfacher Millionär wäre – nur durch einen einzigen Spitzhackenhieb. Bedauerlicherweise störte er dabei die Totenruhe, denn der Glückliche musste das Gold ja ausgerechnet auf dem lokalen Friedhof finden. Nun hatte die Gemeinde eine heikle moralische Entscheidung zu fällen: Würde man der Gier wegen einen Gottesacker entweihen? War irdischer Reichtum wichtiger als der Respekt vor der heiligen letzten Ruhe?

Kanowna wählte den Weg des Geldes und pflügte den Wüstenfriedhof kurzerhand um. Kurioserweise waren die Gräber der Methodisten mühelos auszuheben, wie man sich erzählte, denn dort bestand die Erde aus weichem Lehm. Der Boden, in dem die Katholiken lagen, setzte sich überwiegend aus Quarzgestein zusammen. Er wurde gesprengt. Nachdem auch dieser Claim ausgebeutet war und die Schürfer, Schaufler und Schalenschwenker langsam weiterzogen, stellte sich der örtliche Priester auf den Balkon des Kanowna Hotels und holte Luft. Father Long verkündete mit bebender Stimme, ein Goldklumpen von neunundneunzig Pfund sei in dem Gebiet ans Licht gebracht worden. Er taufte ihn «Sacred Nugget», faltete die Hände und betete dankend zum Himmel. Als die Goldsucher schließlich herausfanden, dass sie belogen worden waren, brannten sie die Stadt beinahe nieder.

«Botswana women have big tits!»

Glyn brüllte aus voller Kehle, während er das Haus mit einem Metalldetektor und großen Kopfhörern auf den Ohren verließ. Wie ich vermute, war sein begeisterter Ausruf, der durch die Wüste hallte, rein akustisch motiviert und einer komplexen messtechnischen Routine geschuldet. Was nützt die teuerste Ausrüstung, wenn sie nicht funktioniert? In einer Umgebung ohne jede Störungen und Fremdgeräusche musste Glyn den Tonpegel des sensiblen Suchgeräts justieren. Darum fluchte er mit Wonne ins Mikrofon. Er wusste ja nun, dass ich gekommen war, um mehr über die Nuggetjagd zu erfahren und einem anspruchsvollen Publikum vom poetischen Zauber des Goldsuchens zu berichten. Da wollte er mich nicht enttäuschen.

«That's not the most stable fucking slope!», schimpfte Glyn, als wir wenig später einen Schutthaufen erklommen, beide ins Rutschen kamen und um ein Haar den Boden küssten, wie man in diesem Teil der Welt sagte. Und so stolperten wir durch die Wüste. Der Reporter und das Rumpelstilzchen in knielangen Hosen, das sein graues Borstenhaar unter einer Kappe verbarg und den Frust über das mühselige Leben in der Abgeschiedenheit an Sardinenbüchsen, Ofenrohren und Petroleumfässern ausließ. Glyn Morgan stieß die herumliegenden Relikte von Broad Arrow mit satten Tritten beiseite, während wir die Ruinenlandschaft der Geisterstadt durchstreiften. Nicht lange, da fanden wir uns tatsächlich Seite an Seite auf dem Boden wieder. Die Metallsonde, die Glyn an einem Griff über die staubtrockene Erde schwenkte, war mit einem Surren angeschlagen.

«So läuft das hier, Junge», sagte Glyn auf allen vieren und ließ roten Sand zwischen den Fingern auf die Suchplatte des Detektors rieseln. «Kopf runter, Arsch hoch und einen hübschen Buckel machen, das ist alles, was du tust. Nette Fliegen, nicht wahr? Schmecken sie dir?»

Glyn meinte die Buschfliegen, die uns seit geraumer Zeit umschwirrten und sich in der Luft zu vermehren schienen. Die schwarzen Biester steuerten zielsicher Mundwinkel und schweißglänzende Schläfen an, um von den Leben spendenden menschlichen Körperflüssigkeiten zu kosten. Plötzlich schien mein Gefährte etwas gefunden zu haben. Er legte es mir in die Hand und schloss sie konspirativ zu einer Faust.

«Also, was haben wir gewonnen, mein Freund?»

«Oh», sagte ich und blickte verwundert auf das, was ich zwischen den Fingern hielt. «Es ist ...»

«Scheiße!», rief Glyn. «Bloß ein beschissener Nagel, wertloser Schrott, nichts weiter. Siehst du, das ist das Schöne am Goldsuchen, Kumpel. Du findest nur Müll! Jede Menge verdammten Mist, so viel du willst.»

Nebenan, wo die großen Jungs buddelten, lief es nicht besser. Das zumindest schien Glyn zu beruhigen. Eine halbe Autostunde den Highway hinab, südlich von Kalgoorlie, klaffte ein monströses Loch im Boden der Wüste. So tief, lang und ungeheuer breit, dass es einhundertzwanzig Fußballfelder, gleich dreimal den New Yorker Central Park oder die Altstadt von Rom verschlucken konnte, von der Piazza Navona bis zum Kolosseum. «Super Pit», nannte sich die gewaltigste Goldmine von ganz Australien, und natürlich hatte ich sie während meiner Recherchereise gesehen. Die Grube war ein meilenlanger Sandkasten, der wahr gewordene Kindheitstraum. Allein die Räder der Schwerlastwagen, die sich dort wummernd über die Serpentinen schraubten, waren so hoch wie afrikanische Elefantenbullen. Jeder dieser Muldenkipper trug zweihundert Tonnen Erdreich auf seinem Rücken. Und wie viel Gold steckte wohl darin? Nach Sprengen und Hacken, Mahlen und Sieben, maschineller und chemischer Trennung des Gesteins brachte jede Wagenladung gerade mal einen einzigen Golfball aus Gold zutage. All der Aufwand rechnete sich jedoch bei den derzeitigen Unzenpreisen, die in märchenhafter Weise stiegen. Manche im Westen munkelten von einem neuen Goldrausch, der Australien erfasste. Man musste dafür lediglich das halbe Land umgraben.

«It get's bigger!», hörte ich Glyn frohlocken. Er war schon wieder auf den Knien und wirbelte mit einer Spitzhacke, die wohl eher zu einem Zwerg gepasst hätte, den Staub auf. «Diesmal ist es was Größeres!»

Kurz darauf fischte er eine Schraube aus dem Sand.

«Na großartig, noch ein größeres Stück Schrott.»

Glyn machte sich keuchend wieder gerade, wischte eine Fliege von seiner Stirn und wandte sich mir zu.

«Junge, du siehst, wie langweilig dieser Job ist.»

«Langweilig?»

«Nothing flashy about it», sagte Glyn und seufzte.

«Goldsuchen ist nicht glamourös. Weißt du, ich wünschte, es wäre so. Ich wünschte, ich hätte eine verdammt hübsche Frau, so ein richtig nettes Paar riesiger Titten, das für mich Löcher in der Wüste gräbt. Und ich sitze dann drüben in meinem beschissenen Wohnwagen, sehe zu und trinke Piña colada. Was wäre das toll! Aber das wird nicht passieren.»

Er lachte. Dann jedoch verebbte sein Schmunzeln allmählich und wich einem schwer zu ertragenden Schweigen, das uns beide erfasste. Glyn legte seine Hand auf meine Schulter.

«Sollen wir vielleicht noch weitersuchen?», murmelte er, während sich die Einsamkeit der Wüste in den Gläsern seiner Sonnenbrille widerspiegelte. «Na, was meinst du, Junge?»

«Klar», antwortete ich. «Den ganzen Tag.»

DIE METRO DER ENTEHRTEN

Tokyo

Wie gewinnt man sein Gesicht zurück, wenn man es einmal verloren hat?

«Nun ja», sagte Kawasaki-san mit einem wissenden Lächeln. «Sie können selbstverständlich zu einer Klinge greifen und sich das oberste Glied des kleinen Fingers abtrennen. Oder Sie schneiden sich den Bauch unterhalb des Nabels auf, einmal quer, einmal längs, kappen die Aorta und vollziehen Seppuku.»

Appetitlicher, klüger und weitaus gesünder sei es jedoch, das Gesicht gar nicht erst zu verlieren. Zumindest nicht ganz.

Ich begegnete Kawasaki-san eines Nachmittags unter einem Lampion. Der Geschäftsmann war mir durch die Baseballmütze aufgefallen, die sein grau meliertes Haar bedeckte, und seine sportliche, aber dennoch elegante Jacke im Stil von Steve McQueen. So gekleidet, stach er aus dem Treiben rund um den Sensō-ji heraus, Tokyos wohl bekanntestem Tempel, wo Spiritualität auf Souvenirläden trifft. Wie sich erwies, hatte ich es mit einem weit gereisten Herrn zu tun. Er sprach ein tadelloses Englisch mit deutlich amerikanischem Zungenschlag und hatte lange Zeit in Übersee verbracht, um dort «Business» zu betreiben, wie er sagte. Nun, im reiferen Alter, ging er seinen Weg als gut bezahlter Sittenlehrer.

Kawasaki-san schulte westliche Manager in den Finessen japanischer Etikette. Er nannte es die Kunst des Redens ohne Worte: Je höher der Rang des Gegenübers, umso tiefer verneige dich vor ihm. Je länger und imponierender dein Lebenslauf, desto leiser, lückenhafter und loyaler rezitiere ihn, sobald das Meeting beginnt. Und was tun, wenn sich jemand während der Sitzung über dich erhebt? Wenn dir ein rangniederer Kollege über den Mund fährt und vor allen anderen die Treue bricht?

So lasse es sein, wie es ist. Halte still. Zügele deinen Zorn und verweile im Zen, bis der grüne Tee geschlürft, die Tinte trocken und die Zusammenkunft beendet ist – das Wohl der Firma steht über dem Einzelnen. Nun lasse den Kollegen diskret in dein Büro zitieren. Hole Atem, schließe die Tür, wetze innerlich das Messer und dann gib dem Mistkerl, was er verdient. Nimm ihn auseinander. Aber tu es langsam, laut und leidenschaftlich, Stück für Stück mit größtem Genuss.

«Ist das nicht falsch?», fragte ich.

«Das ist Japanisch!», sagte Kawasaki-san vergnügt.

Was genau er meinte, sollte ich erst Tage später verstehen – mitten in einem dicht besetzten Waggon der Tokyo Metro. Ich fuhr von Shinjuku Station nach Shibuya, an der Seite eines guten Freundes, der gerade Kaugummi kaute. Unversehens, es mag an unserem angeregten Gespräch gelegen haben, rutschte ihm der Kaugummi aus dem Mund. Er taumelte hinab, saftig und schwer, wie er war, und landete wie in Zeitlupe – patsch! – auf dem Lackschuh eines japanischen Herrn im feinen Zwirn. Dort blieb er kleben. Und aus stehender Perspektive betrachtet, wirkte es, als würde der Kaugummi lächeln.

Der Freund ging eilig in die Hocke. Nicht ahnend, wie wohl sich der Klumpen auf der blank polierten Schuhspitze fühlte und wie fest er darauf saß. Als der Freund versuchte, ihn mit spitzen Fingern zu lösen, wehrte sich der Kaugummi. Er zog Fäden, feine, zähe, kleistrige Speichelschnüre, die sich kreuz und quer über dem edlen Leder verteilten. Je mehr der Freund rieb und rubbelte, desto schlimmer wurde es. «Gomen nasai», jammerte er, nun halb auf den Knien. «Sorry, so sorry, Mister, es tut mir entsetzlich leid.»

Der Herr im Anzug erschrak. Nicht nur, weil bis zu dieser Sekunde alles an ihm perfekt gewesen war – Scheitel, Jackett, Manschetten, die elegante Herrentasche, die dezente und doch gewählte Rasierwassernote. Japanerinnen und Japaner begegnen sich körperlos. Mimik und Gestik verwenden sie in virtuoser Art und Weise, aber was auch geschieht, sie fassen sich nicht an – jedenfalls nicht vor aller Augen. Dieser japanische Geschäftsmann musste auf der Fahrt ins Büro erleben, wie ein großer, weißer, bärtiger, schnaufender, schwitzender Mann an seinen Zehen kratzte, wie er Spucke verschmierte, um Spuren zu entfernen, wie er an störrischen Fäden nestelte, wie er fingerte, fummelte, knibbelte und knispelte und das glänzende Leder des kostbaren Schuhs in etwas verwandelte, das entfernt an Nattō erinnerte – an fermentierte Sojabohnenpaste, die Schleimfäden zog, wenn man sie mit Stäbchen aß.

Inzwischen rötete sich der Teint meines Begleiters, denn die Passagiere starrten ihn von allen Seiten an. Und es war bloß eine Frage der Zeit, bis wir gemeinsam den gesellschaftlichen Tod sterben würden: wir, die ruchlosen *Gaijin* aus dem Westen, er, der gedemütigte Eigner des ruinierten Schuhs, und sie, die schamlosen Voyeure drumherum, eine Metro der Entehrten.

In jedem anderen Land wäre es üblich gewesen, Worte zu sprechen, um jene Farce zu beenden. Der Herr im Anzug hätte «Schon gut» geraunt oder barsch die Stimme erhoben und «Lassen Sie das gefälligst!» geschimpft. In meiner Heimat hätte er womöglich pikiert nach einer Haftpflichtversicherung gefragt oder den armen Fremden, der doch nur tat, was er konnte, für jedermann hörbar heruntergeputzt. In einigen Sphären der Welt wäre er ihm vielleicht sogar mit Hand und Fuß zu Leibe gerückt und hätte ihm ein hübsches Puzzle in die Brille geboxt.

Der Herr im Anzug flüsterte jedoch nicht einmal *Baka*, Idiot. Er wählte den japanischen Weg. Während der Fremde noch immer wie ein Diener vor ihm kniete, sah der Schuhbesitzer urplötzlich auf. Er starrte nur mehr zu den Fenstern hin und betrachtete den Beton, der hinter den Scheiben in rasanter Fahrt vorüberglitt. Auch die übrigen Passagiere der Untergrundbahn wendeten den Blick nun ab, einer nach dem anderen. Hatten sie sich unbemerkt ein Zeichen gegeben? Es war, als ließen die Leute den Fauxpas nicht nur vergessen. Sie schauten weg und machten ihn auf höfliche Weise ungeschehen.

So konnte sich der bedauernswerte Freund in aller Würde erheben, ehe er das Nattō aus Kaugummifäden noch zu einem Okonomiyaki verrieb, der japanischen Variante des Pfannkuchens. Der Herr im Anzug indes stieg an der nächsten Station schweigend aus.

DAS TOR ZUR WELT

Hamburg – Southampton – New York

E ines Morgens hörte ich ein Geräusch. Es war dunkel, tief und so durchdringend, dass es mich aus dem Schlaf riss – und mit mir die gesamte Stadt. Der Ton schwoll an, wurde lauter und rauer, bevor er allmählich verhallte und von Neuem erklang, so ging es in einem fort. Ich warf mir eine Windjacke über, eilte aus dem Haus, lief die Hafentreppen hinunter bis an den Kai und fand mich zwischen Hunderttausenden Menschen wieder, die den Kopf in den Nacken legten. Nie zuvor hatte ich etwas so Majestätisches gesehen. Den geschwungenen Bug, der sich in glänzendem Schwarz über dem Wasser erhob, die weißen Decks, von Balkonen und Fensterluken gesäumt, den dampfenden roten Schlot, der über dem Schiff aufragte und an die Ära der Atlantikliner erinnerte.

Die Königin der Meere kam. Höher als der Taj Mahal, länger als der Eiffelturm, wenn man ihn flach auf die Erde legte. Zum ersten Mal seit ihrem Stapellauf besuchte die Queen Mary 2 den Hamburger Hafen, von Schleppern, Raddampfern und Barkassen begleitet, und weil niemand mit so überbordendem Jubel gerechnet hatte, wohl auch nicht der Kapitän, ließ er in Champagnerlaune wieder und wieder das Horn ertönen.

Da stand ich also, noch halb im Pyjama, und sah es vorüberfahren, das größte und teuerste Passagierschiff seiner Zeit. Eine Hommage an die Titanic, verschwenderisch ausgestattet mit Ballsälen, einer Sternwarte und der bestsortierten schwimmenden Bibliothek, die über die sieben Meere reiste, und doch bei allem Prunk so schön, so unerreichbar schön, dachte ich mir.

Damals war ich noch nicht weit herumgekommen. Ich hatte spanische Inseln gesehen und griechische Ruinen. Mit meinem ersten Auto, einem Volvo Turbo mit Spoiler, der bei genügend Dioptrien an einen amerikanischen Straßenkreuzer erinnerte, war ich nach Amsterdam gebraust. Wohin es einen jungen Mann eben zieht, wenn er so nahe der Grenze aufwächst, dass er sie riechen kann. Mittlerweile lebte ich in Hamburg. Eine Stadt, die sich Tor zur Welt nannte, und genau das war sie für mich gewesen. Zwischen all den hohen Häusern, dem Großstadtverkehr und den Ganoven, die mir begegneten, fühlte ich mich manchmal wie Crocodile Dundee in New York, ein Bursche vom Land im Dschungel der Metropole. Doch mit den Jahren war die Stadt kleiner geworden, allmählich engte sie mich ein, und auch die Hafenkräne verschwanden nun wie Spielzeug hinter der Königin der Meere. Ich werde niemals die Euphorie vergessen, die mich an jenem Morgen ergriff, während ich unrasiert und verschlafen am Ufer stand, aber auch die Wehmut, die ich in dem Augenblick spürte. Das Schiff zog vorbei, ich stieg die Hafentreppen wieder hinauf, und nur der Hauch des Abenteuers blieb, als ich den Schlüssel drehte und in mein gewöhnliches Leben zurückkehrte.

Das Haus, in dem ich wohnte, war kein Luxusliner.

Eher ein Seelenverkäufer, ein betagter Kistendampfer voller aufgestapelter Container, in denen Menschen unterkamen. Solche, die gestrandet waren, und solche, die bloß eine Zuflucht suchten, weil sie noch Träume hegten. Ich lebte in einer Hundekoje, siebzehneinhalb Quadratmeter in einem Plattenbau. Der halbe Meter war die Küche, und wenn ich sie betrat, musste ich mich entscheiden: Wollte ich Eistee aus dem Kühlschrank holen oder lieber nach der Fertigpizza im Ofen sehen? Beide Türen auf einmal zu öffnen, erwies sich als Ding der Unmöglichkeit. So beengt war die Bude, die nur aus Schrank, Stuhl und Bett bestand und bis auf die Tür und den Balkon von der Nachbarwohnung umschlossen war.

Dort lebten die Osmanibrüder. Ich mochte die beiden albanischen Jungs in ihren Lederjacken, und das erwähne ich nicht nur, weil es aus gewissen Gründen besser wäre, es so zu schreiben. Zwar ließen sie Nacht für Nacht eine Party steigen, pünktlich ab vier Uhr in der Frühe, als wollten sie das Haus abreißen, doch wenn ich ihnen auf dem Flur begegnete, waren sie stets ausgesprochen freundlich zu mir.

«Familie», sagte der eine, als ich ihm einmal beiläufig von meiner Kindheit in Osnabrück erzählte, und schlug mir dabei freundschaftlich auf die Schulter. «Familie ist das Wichtigste im ganzen Leben! Frauen und Freunde kommen und gehen, aber die Familie bleibt für immer.»

Warum die beiden so oft feierten?

«Wir sind Köche!», sagte der andere. «Wir rühren in den Töpfen, drüben auf St. Pauli, mit der ganzen Bande, rund um die Uhr, verstehst du? Da muss man mal kräftig die Sau rauslassen, um runterzukommen.»

Später ließ mich der Hausmeister wissen, dass ich es mit dem Osmani-Clan zu tun hatte. Das Mafiakartell beherrschte nicht nur den Kiez, sondern schmuggelte auch Kokain nach Europa, wie es in der Presse hieß, angeblich tonnenweise über den Hafen vor der Tür.

Meine geschätzten Nachbarn waren jedoch nicht für den Tod des Dealers verantwortlich, der seinerzeit im Treppenhaus erschossen wurde. Diese Leiche geht auf Jan Fedder, den Hamburger Volksschauspieler, ich kann es bezeugen. Die Produzenten der Serie «Großstadtrevier» suchten nach einem möglichst authentischen Drehort für den Showdown zwischen dem Fernsehkommissar und einem Luden. Fündig wurden sie bei uns in Altona, nahe der Reeperbahn.

Dort kreiste wenig später auch ein echter Polizeihubschrauber. Mitten in der Nacht schwebte er vor meinem Fenster und leuchtete durch die Lamellen der Jalousien in mein Zimmer hinein. Die Straße war voller Einsatzwagen, das Blaulicht schien auf der gekachelten Fassade wider, und aus dem Treppenhaus drang Geschrei. Offenbar hatten die Beamten jemanden in die Siedlung verfolgt und den Flüchtigen in unserem Plattenbau gestellt. Ich lief die hundert Stufen hinab, da saß er bereits zusammengekrümmt auf der Rückbank eines Streifenwagens. Nur der Lift zeugte noch von den intensiven Ermittlungsarbeiten. Als sich die Türen öffneten, starrte ich auf Wände voller Blut.

Zu jener Zeit war ich journalistischer Novize. Windräder waren meine Ikonen, Seehundaufzuchtstationen meine Kathedralen. Als junger Autor lerne ich wichtige Lektionen in einem regionalen Rundfunksender. Meinen ersten

Film drehte ich mit einem halb blinden Kameramann. Er machte keinen Hehl daraus, dass sein Augenlicht allmählich schwand, auch der Tonassistent mit den Blumenkohlohren hatte schon beinahe sein gesamtes Hörvermögen eingebüßt. Beide sehnten die baldige Pension herbei, und ich nötigte sie dazu, vor dem Morgengrauen aufzustehen und einen Bäcker beim Brötchenbacken zu filmen.

Das Drehmaterial, das ich zurück ins Studio brachte, war nicht bloß unscharf und schwer zu verstehen. Wie sich zeigte, war es asynchron gefilmt: Jedes Mal, wenn der Kameramann die rote Aufnahmetaste gedrückt hatte und meinte, seine Mühle lief, hatte er sie in Wirklichkeit gerade ausgeschaltet. Und andersherum. So blieben fast nur verwackelte Bilder von orthopädischen Schuhen auf dem mehlbedeckten Boden und Szenen hinter den Kulissen, wenn die Kamera wieder einmal in der Backstube abgestellt war und das Filmteam bei Schinken-Käse-Stullen einen Kaffee trank. Als ich das fertig geschnittene Video meinem Chef präsentierte, hielt er es nach zehn Sekunden wieder an.

«Das ist nicht übel», sagte er und wandte sich zu mir. «Du lässt deinen Film mit einer sinnlichen Szene beginnen: Der Bäckersmann knetet den Teig, andächtig, zärtlich, sanft. So starten viele Filme, nicht wahr? Zum Beispiel Softpornos.»

Der Chef zog die unterste Schublade seines Rollcontainers auf, holte eine Tube heraus und cremte sich schweigend die Hände ein. Dann holte er Luft.

«Aber wir machen hier Fernsehen!»

Er schlug mit der frisch eingecremten Faust auf den Tisch.

«Fernsehen, verstehst du? Wenn sich auch nur irgendein Armleuchter da draußen an deinen Film erinnern soll, dann muss er mit einem Erdbeben beginnen, mit einem Vulkanausbruch enden und sich dazwischen gefälligst steigern!»

Ein Rat, den ich mir fortan zu Herzen nahm.

Meine erste Radioreportage trug den dramatischen Titel «Sushi beißt zurück». Sie erzählte von einem japanischen Fisch aus einer norddeutschen Aquakultur. Er war aus dem Wasser gehüpft und hatte seinem Züchter kräftig in die Hand gebissen. Das war die Story, nicht mehr, nicht weniger, und die Hörer liebten sie – meine Stimme jedoch nicht. «Der junge Mann redet komisch!», hieß es, wenn ich ans Mikrofon trat und versuchte, eine Geschichte zu vertonen. Das verunsicherte mich und machte die Sache nicht besser, doch auch diesmal erhielt ich eine wertvolle Meisterstunde. Ich war eine Zangengeburt. Und so meinte mein Vorgesetzter wohl, ich müsse die schmerzvolle Erfahrung des Heraustretens ans Licht nacherleben, um mich stimmlich zu befreien. Er kam zu mir, als ich gerade am Mikrofon stand, riss die Studiotür auf und schimpfte.

«Du bist schlecht!»

«Pardon?», antwortete ich.

«Hör dir doch selbst mal zu!», sagte er. «Das ist grauenvoll! Du kannst nicht sprechen! Du hast es einfach nicht drauf!»

«Oje.»

«Anfänger, Loser, Schwächling!»

«Echt?»

Ich blieb etwas verwundert, aber dennoch ruhig vor

dem Mikrofon stehen und fragte mich, worauf er hinaus-
wollte, der sonst so freundliche, korrekte und empathi-
sche Mann.

«Greif mich an!», hörte ich ihn rufen.

«Ich soll was?»

Nun trat er auf Atemnähe an mich heran, beleidigte
mich weiter und stellte sich dabei auf meine Füße. Mit
vollem Gewicht blieb er darauf stehen.

«Niete! Versager! Willst du dich nicht wehren?»

Ich zuckte die Schultern.

«Na los, Junge, fahr aus der Haut, schlag mich, polier
mir die Fresse!»

Ich konnte meinen Chef gut leiden, aber irgendwann
tat ich ihm den Gefallen, packte ihn am Kragen und
drückte ihn an die Studiowand. Danach fühlte ich mich
in der Tat besser und sprach mit mehr Schwung ins Mikrofon.

Es waren wunderbare Jahre in jenem Sender, und ich
bin dankbar für jede Möwe, jedes Reetdach und jeden
Leuchtturm, den ich sah, jeden Krabbenkutter, auf dem
ich über die Nordseewellen schippern durfte, und jeden
Shantychor, mit dem ich schunkelte. Wenn jedoch die
Sehnsucht nach fremden Sternen in mir erwachte, nach
Rio und Shanghai, Bali und Hawaii, dann hieß es nur:
«Das Korn wird auf dem Land geerntet, junger Mann. Wa-
rum in die Ferne schweifen, wenn die verrücktesten Din-
ge nebenan im Schrebergarten passieren?»

Nun, mit Verlaub, es kam der Tag, da hatte ich hinter
jede Hecke geblickt. Gastfreundschaft war in den Kolonien reichlich zu finden, Wärme und auch so manches,
das den Wahnsinn der Welt im Kleinen offenbarte. Das

große Abenteuer aber lag dort nicht. Kein Hauch der sieben Meere wehte durch die Parzellen, keine Sternwarte ragte aus den Radieschenbeeten hervor, und kein Ballsaal verbarg sich in den Lauben. Nicht einmal ein Sushifisch in den Gartenteichen.

Es war an der Zeit für ein Wunder. Nicht unbedingt für einen brennenden Dornbusch. Auf spontane Feuerchen konnte ich verzichten, seit meine albanischen Nachbarn ein paar Plastiksäcke auf ihrem Balkon abgefackelt hatten – was auch immer darin den Flammen zum Opfer fiel. Der Himmel schickte mir einen alten Gefährten, den ich El Comandante nenne. Gäbe ich seinen wahren Namen preis, würde er sich in seinen Wagen schwingen, zu mir nach Hamburg fahren und mir die Zähne ausschlagen. Dasselbe täte er jedoch auch, wenn es mir schlecht ginge, nur ließe er die Zähne diesmal drin. So verhält es sich seit frühesten Kindertagen. Manchmal hören wir jahrelang nichts voneinander, aber auf den Comandante kann man zählen. Eines Tages stand er einfach vor meiner Tür mit seinem Parka, den Chucks und den lieben, melancholischen Augen, mit denen er sich stets mühte, böse zu gucken.

«Kommst du mit?», fragte er.

«Wohin?»

«Erst will ich wissen, ob du mitkommst», sagte er. «Wenn du mein Freund bist, folgst du mir überallhin.»

«Okay», antwortete ich.

«Gut», sagte El Comandante. «Dann besorg dir ein Sakko.»

Zur Erklärung muss ich ein wenig ausholen, es hat mit Rotgrünblindheit zu tun. Der Vater des Comandante war

Eurofighterpilot. Er schoss durch den Himmel, schneller als der Schall, und wenn er einmal zu Hause am Schreibtisch saß, dann nicht auf einem gewöhnlichen Drehstuhl. Nein, er bevorzugte einen Thron aus Stahl und Drähten, einen echten Schleudersitz, auf dem er einst durch die Lüfte gesaust war. Auch mein Freund wäre gerne Flieger geworden, doch bedauerlicherweise ließ es seine Sehschwäche nicht zu. So suchte er wenigstens die Nähe zu startenden Flugzeugen und dem Kerosinduft der weiten Welt. El Comandante war «Ramp Agent», ein ziemlich cooler Name für einen ernüchternden Studentenjob. Er schiss die Gepäckabfertiger zusammen, wenn sie die Koffer rücksichtslos durch die Gegend warfen, und sorgte dafür, dass kein Airbus und keine Boeing ohne Betankung, Frischwasser und Catering in die Lüfte stieg. In den Pausen verzehrte er den Fraß, der aus den gelandeten Maschinen übriggeblieben war – wenn eine Maschine landete, was bisweilen nur einmal am Tag geschah. Das schien der größte Haken an seinem Job zu sein: Mein Gefährte arbeitete an einem sterbenden Flughafen in der Provinz.

So waren seine Pausen lang. Und in einer dieser Ruhezeiten sollte es ihm gelingen, ein bedeutendes Rätsel zu lösen. Nicht die Weltformel der Physik, aber das Wirrwarr der Reisebranche. Der Comandante wühlte sich durch Werbeflyer, Aktionskataloge und Broschüren, riss Feriengutscheine und Rabattcoupons heraus, studierte Tarifdetails, Kleingedrucktes und Sternchen. Mit einem Mal begriff er, dass im grenzenlosen Universum der Tourismusindustrie alles miteinander verschmolz. Die Firma, die ihn fürs Herumsitzen bezahlte, war die Tochter einer großen deutschen Fluggesellschaft. Diese Airline hing wiederum mit einer internationalen Schifffahrtslinie zusammen, und die war auf verschlungenen Wegen mit der Cunard verknüpft, der britischen Kreuzfahrtreederei. Wie er es angestellt hatte, wusste der Comandante selbst nicht mehr so genau, aber er hatte Tickets für die Titanicroute erstanden – eine winterliche Atlantiküberfahrt auf der Königin der Meere. Und das Beste: Sie kosteten so gut wie nichts.

Das Abenteuer begann auf einem Parkplatz in den Ausläufern von London. Es war noch dunkel, und wir trugen viel zu dünne Jacken, als wir versuchten, die vereisten Scheiben eines gemieteten Vauxhall Vectra vom Schnee zu befreien. Wie man fährt, wenn alles im Wagen auf der falschen Seite eingebaut ist? Probieren wir es aus! Wie Linksverkehr geht? Schauen wir mal! Und wie zur Hölle rechnet man Meilen pro Stunde in Kilometer um? Es ist herrlich, wie wenig Gedanken wir damals an Details verschwendeten. Wobei: Eines beschäftigte meinen Freund durchaus. Waren es echte Tickets, die er gekauft hatte? Oder war der große El Comandante, Spross eines Kampfpiloten, bloß einem Betrug aufgesessen?

Als wir Southampton erreichten, den Heimathafen der Queen Mary, blieb keine Zeit für eine Rast. Wir fragten uns durch ein Futon-Geschäft, einen Tea-Room und einen Whisky-Shop, bis wir schließlich vor dem ehrwürdigen Hauptquartier der Cunard Line standen und vergeblich klingelten. Wie es aussah, war die weltberühmte Kreuzfahrtreederei eine einzige Luftnummer. Der Hausmeister jedenfalls, der nach einer Weile öffnete und den kahlen Kopf aus der gläsernen Eingangstür hielt, konnte wenig Auskunft geben.

«Sind die echt?», fragten wir ihn und deuteten auf die Tickets, die uns postalisch zugestellt worden waren.

«Sieht so aus», sagte er.

«Wieso sind die so billig?»

«Weiß nicht», sagte er.

«Und wo ist die Queen?»

«Na, unten im Hafen.»

Da lag sie tatsächlich. Anders jedoch als in Hamburg, wo Massen das Elbufer säumten, wenn sich die Königin der Meere zeigte, war sie an diesem Ort verwaist. Nur ein Kranführer und ein einziger Dockarbeiter leisteten ihr Gesellschaft am Pier. Damals bestand der Comandante darauf, ein Erinnerungsfoto zu schießen. Im Hintergrund ist das mondäne Heck mit der Aufschrift «Queen Mary 2 – Southampton» zu sehen. Im Vordergrund stehe ich allein an der Wasserkante, umgeben von Müllcontainern, Seiltrommeln und rostenden Gitterzäunen. Ich versuche, die Contenance zu wahren. Transatlantikpassagiere reisen mit Stil, und wenn sie abgelichtet werden, zeigen sie wenig Zahn. Aber ich kann nicht verbergen, wie sehr ich mich auf die Passage freue.

Abends stimmten wir uns in einem Pub mit Mikrowellen-Chicken-Curry ein, und der Comandante las mir aus dem Buch «Das Todeswrack» vor. Morgens stellten sich unsere Bordkarten als echt heraus. Nicht nur das: Sie öffneten sogar die Tür zu einer Außenkabine mit Wellenblick, wo eisgekühlter Sprudelwein auf uns wartete. Wenn die Sonne schräg auf das Promenadendeck fiel, war die Queen eine magische Schönheit, die nichts entstellen konnte. Sie wirkte aus jedem Winkel perfekt, egal, wohin ich die Kamera auch hielt. Das Kriminalquiz im Royal Court Theatre war ein Genuss, genauso wie die Auktion, bei der bezaubernde britische Witwen für Gemälde boten, die genauso bunt bepinselt waren wie sie selbst. Und hey, auf dem obligatorischen Galaabend gab ich Paul Wright die Hand, jenem Captain, der mich damals mit dem Schiffshorn aus dem Schlaf geweckt hatte. Es war ein schrecklich amüsantes Vergnügen mit Feuerwerk und Toast, auch wenn sich mir der Sinn einer Champagnerpyramide bis heute nicht so recht erschließt.

Aber sehen wir der Wahrheit ins Auge: Wir waren fünfzig Jahre zu jung für diesen Trip. Wer eine Bucketlist führt, sollte oben anfangen, in der ersten Lebensphase, irgendwo zwischen «Fallschirmspringen», «Nacktbaden» und «den Steward vernaschen». Nicht bei «Shuffleboard», «Schaumwein im Abendrot» und «während des Tanztees in den Armen eines asthmatischen Gentleman Hosts liegen und sich noch einmal wie Audrey Hepburn fühlen».

Lachsfarbene Teppiche sind nicht jedermanns Geschmack. Gold, Rot und royales Grün sind prächtige Farben, aber als Tapete der reinste Terror für die Augen. Ein Sakko ist nett, doch zur «formal night», den feierlichen Dinnerabenden an Bord, waren Smoking oder Schlips und Kragen gefragt. Dann hockten wir wie Internatsschüler zwischen hochdekorierten Falkland-Veteranen im Schottenrock, parlierten nach dem Motto «Don't mention the war!» über den großen Gobelin im Britannia-Restaurant und ließen drei Gänge über uns ergehen. Wohler fühlten wir uns in den Schnellimbissen zur Selbstbedienung, wo wir in unseren H&M-Jacketts deutlich overdressed waren, während die Mitreisenden im ballonseidenen Jogger ihre

Burger mit Fritten verschlangen – so es die dritten Zähne erlaubten.

Jeden Morgen schliefen wir eine Stunde länger, weil wir Tag für Tag eine neue Zeitzone durchquerten. Die Winde wurden kühler, die See rauer und die Eisbergwitze in den Durchsagen des Captains schmutziger. Wir hatten uns auf den Winterspaziergängen über das Promenadendeck den Schnupfen unseres Lebens eingefangen, und so verbrachten wir den Rest der Reise in der Tea-Lounge, spielten Monopoly und sahen zu, wie die Wellen hoch und immer höher gegen die Panoramascheiben schlugen. Mal gewann ich den zweiten Platz in einem Schönheitswettbewerb, mal ging ich zurück auf Los oder direkt ins Gefängnis. Auch das größte Schiff wird mit der Zeit klein.

Die Nacht lag noch über dem Wasser, als ich neben dem Comandante an der Reling stand und die Freiheitsstatue sah. Über der Queen Mary schwebten Helikopter, und Polizisten mit Maschinengewehren hatten sich auf das Vorderdeck abgeseilt. «Have you ever been to New York?», fragte ein Mann aus Harlem. «You'll love it!», sagte seine Frau, ehe ich verneinen konnte, während wir die Brooklyn Bridge passierten und vor Manhattan kreuzten. Ein neuer Kontinent glitzerte vor meinen Augen, aber niemand wartete am Ufer, um unsere Ankunft zu bejubeln. Die Skyline verschluckte die Königin der Meere, als wäre sie nur ein Kinderspielzeug, und ich legte den Kopf in den Nacken. Genau wie damals, als ich die Hafentreppen hinunter an den Kai gelaufen war. Hamburg ist das Tor zur Welt, dachte ich. Aber auch nur das Tor.

DAS DING MIT DEM RING

Palm Springs – Pampa

Manchmal ist man so gut drauf, dass alle Hemmungen fallen – und ebenso die Hüllen. Zwar zögerte ich eine Weile, mein Hemd, meine Shorts und auch den Schlüpfer abzulegen, wie es der Hausordnung entsprach, doch als ich Tom und Mary Clare begegnete, war mir plötzlich alles egal. Heute würde man sagen, ich habe ihren Vibe gespürt. Die bunten Blumen im Palmengarten, die wippenden Brüste und harten Nippel, der Swimmingpool, in dem wir gemeinsam plantschten, relaxten und, wie Gott uns schuf, ein Pläuschchen hielten.

«Sind alle Amerikaner prüde?»

Diese Frage stellte ich in einem Nudistenclub in Palm Springs, umgeben von Frauen und Männern, die bei hundert Grad Fahrenheit nichts weiter außer ihren Ray Bans trugen. Sie nippten am Tequila Sunrise, trieben auf klitorisfarbenen Schwimmnudeln durch das Blau und lauschten dem Interview, das ich mit Tom und Mary Clare führte, während meine Geschlechtsorgane frei im Wasser schwangen.

«Nun, es hängt davon ab», gaben die zwei mit einem Grinsen zurück, ganz diplomatisch, wie es ihrer Rolle entsprach. Tom und Mary Clare Mulhall waren die offiziellen Sprecher der AANR, der American Association for Nude Recreation. Nacktsein sei eine Kunstform, sagten sie, nicht zwingend etwas Sexuelles. Früher hatte Marilyn Monroe in demselben Pool gebadet, nur vom kalifornischen Goldmohn und dem Gebirge beobachtet, das die Glamourstadt in der Wüste überragte. Seinerzeit war das Hotel mit den siebzehn Suiten rund ums Becken als «Monkey Tree» bekannt gewesen, ein privater Garten Eden für die Granden aus Hollywood. Auch Mary Clare gab sich gerne lasziv. In den Neunzigern verwandelte sie das alternde Refugium der Stars in einen Club für Freikörperkultur und posierte auf Werbefotos: nackt vor dem Kamin, nackt mit einem Hula-Hoop-Reifen um die Hüften, nackt mit einem Tablett voller gezuckerter Erdbeeren, die sie den Gästen servierte. Bei festlichen Anlässen im Club, etwa Geburtstagen oder Nackthochzeiten, machte sich Tom gerne schick und trug eine Fliege um den Hals, wenn er Schaumwein servierte. Die beiden kannten und liebten sich seit dem College. Schon damals fühlte sich Mary Clare unwohl in Büstenhaltern und zu viel Textil, und Tom, der einen Fotokurs absolvierte, fand Freude daran, die junge, blonde, natürliche Schönheit bildlich in Szene zu setzen.

«Woher kommt denn bloß das Klischee von den prüden Amerikanern?», fragte ich das Paar mit dem nahtlos braunen Teint und dem weißen Dauerlächeln.

«Du hast damit angefangen!», sagte Tom, der Dustin Hoffman ähnelte, und während er sich auf den Poolrand stützte, zog er seine Mary Clare noch enger an sich heran. «Wir nicht, Kumpel.»

Es lag auf der Hand, dass ich zum ersten Mal ein solches Etablissement besuchte. Dabei galt es, einige Regeln zu beachten, von denen ich beiläufig erfuhr. Die wichtigste lautete: Eyes up here, Buddy! Bloß, weil alle nackt sind, heißt es nicht, dass sie auch schamlos angestarrt werden wollen. Die zweite Regel: Food Porn, okay. Real Porn, no way! Zur Erinnerung an die «Nakation», den Nackturlaub, steht es jedem frei, Cocktails und Canapés zu fotografieren. Darüber hinaus sind Kameras fehl am Platz – genauso wie öffentliche Kopulation. Eine spontane Erektion vor aller Augen kommt schon mal vor, insbesondere bei Debütanten. Hier greift Regel drei: Verweile so lange im kühlen Nass, bis die Aufregung schwindet, oder leg dich bäuchlings auf dein Badehandtuch, und warte eine Zeit ab. Apropos Tuch: Aus hygienischen sowie ästhetischen Gründen empfiehlt es sich, stets eines unterzulegen – Regel vier. Insbesondere während des Galadiners unter Sternen möchte niemand auf dein runzeliges Hinterteil schauen, also sorge dafür, dass du es angemessen bedeckst. Sitz gerade, damit sich die Bierwampe nicht allzu sehr in Falten legt, und beug dich besser nicht zu weit vor, wenn du nach Salz und Pfeffer greifst. Das hüllenlose Speisen erfordert ein gewisses Maß an Koordination, sonst hängt der Busen bald in der Barbecuesauce. Bei den Grillabenden sollten die Herren nicht zu nahe an den glühenden Kohlen stehen. «Weenie Roast», nannte Tom das unschöne Phänomen, das etwa so schmerzhaft sei wie eine verschüttete Tortillasuppe im Schritt. Die fünfte Regel betrifft die Körpersprache: Danke schön, aber wir wissen bereits, was sich zwischen deinen Beinen verbirgt, daher brauchst du es nicht zur Schau zu stellen. Nacktmulls zählen berechtigterweise zu den weniger beliebten

Tieren im Zoo, und nur Gynäkologen schauen gerne den Schornstein hinauf, weil es die Miete bezahlt.

Um es kurz zu machen: Ja, es gab ein paar Tabus, aber dennoch war es wohl der freizügigste Ort der Vereinigten Staaten – und damit der völlig falsche Fleck für meine Tiefenrecherche über die amerikanische Prüderie. Palm Springs, die Oase in der Wüste, galt nicht umsonst als heißeste Stadt des Landes.

«Tja, wie du siehst, sind Kalifornier eher liberal unterwegs», sagte Tom, während Mary Clare bloß schmunzelte. «Der Süden ist da ein wenig konservativer. Vielleicht solltest du dich mal im Bible Belt umschauen.»

Und hier spielt der zweite Akt dieser kleinen, geschmackvollen Story, im christlichen Keuschheitsgürtel der USA. Der Rat der Freiluftenthusiasten führte mich in die Heimat von Sitte und Moral – nach Texas. Über Dallas und Amarillo, wo ich bei einem Wettessen daran scheiterte, ein Zwei-Kilo-Steak in einer Stunde zu verdrücken – immerhin musste ich mich danach nicht ausziehen –, ging die Reise durch menschenleere Prärielandschaften. Irgendwo zwischen Feldern, Rinderweiden und rostenden Erdölpumpen lag eine Stadt, die von ihren Gründervätern «Glasgow» getauft worden war. Im Laufe der Geschichte wurde sie in «Sutton» umbenannt, womöglich nach dem Londoner Bezirk, bis sie letztlich zu einem treffenden Namen fand: «Pampa». Das Beste an Pampa, sagten böse Zungen, seien die Highways, die den Ort umgaben. Egal, auf welchem Wege man ihn verließ, es begann immer die weite Welt.

Über jene Fernstraßen hatte eine Roadshow in die Stadt gefunden. Sie tourte mit großem Aufsehen durch den frommen amerikanischen Süden, begleitet von Fernsehteams und den Schlagzeilen der Presse. «Silver Ring Thing» stand in unschuldig weißen Lettern auf dem Bus geschrieben, der am Abend vor der örtlichen Highschool parkte. Dazu der Slogan: «Worauf wartest du noch?»

Diesem Ruf konnte keiner widerstehen. Vom Footballteam abgesehen, das vor der Schule den Rasen umpflügte, strömten Hunderte Teenager in die Turnhalle hinein. Nach der üblichen Kontrolle auf Schrotflinten, Messer und Pistolen kamen sie auf dem bestuhlten Basketballfeld zusammen, dort, wo sonst die Hustlin' Harvesters spielten. Ich fand Platz zwischen all den heranwachsenden Kids und dankte dem Herrn, dass diese demütigende Phase des Lebens hinter mir lag. Trotz ihrer beachtlichen Dimensionen war die Halle bis zu den Rängen prall mit Hormonen gefüllt. Was aus den Drüsen quoll, wurde mit Achselrollern niedergewalzt, was am Körper erwuchs, unter wallendem Stoff verborgen.

Mit einem Mal erlosch das Licht. Der Saal fiel dramatisch ins Schwarz, Mädchen kreischten auf, Boxentürme brachten Zahnspangen zum Vibrieren, Kunstnebel waberte, und von der grell erleuchteten Bühne ertönte ein infernalisches «Say oh yeah!». Während rappende Homies die Hände erhoben, Peacezeichen machten und Freestyle zu epileptischen Blitzen tanzten, hielt es niemanden mehr. Knicklichter glommen auf, Kaugummis landeten unter Klappstühlen, Trommelfelle wurden bis an die Grenzen strapaziert. «Say oh yeah, let it go, yeah!»

Unter uns gesagt: Es war weder meine Party noch meine Musik, jedoch ein Spektakel, wie es Pampa selten erlebte.

Was bald darauf geschah, könnte man als Coitus interruptus bezeichnen. Wie aus dem Nichts stoppte die orgiastische Feier. Der Sound verhallte, die Schülerinnen und Schüler sanken auf ihre Sitze zurück, und eine äußerst attraktive Lady betrat die Bühne. Jung und sexy, um es auszusprechen. Kein Supermodel vielleicht, aber mit ihrem langen blonden Haar und der Catwalk-Attitüde erinnerte sie an Taylor Swift. Statt eines strassbesetzten Glitzerbodys trug sie ein gewöhnliches Shirt mit der ungewöhnlichen Aufschrift: «wait to live» – Warte, um zu leben.

«Sex ist toll!», rief sie in die neugierige Stille hinein und zog mit nur einem Satz die volle Aufmerksamkeit aller Teenager im Saal auf sich. «Jawohl, Leute, ihr habt richtig gehört, Sex ist großartig!»

Dann erhob sie den Zeigefinger.

«Sex kann wunderbar sein», sagte sie, «aber nur innerhalb der Ehe. Ihr wurdet geschaffen, um mit einem Menschen intim zu sein, mit eurem Mann, mit eurer Frau – und niemand anderem.»

Weshalb die tugendhafte Dame so auf den Bund fürs Leben schwor und nichts von einem kultivierten Fuckbuddy wissen wollte? Das folgende Rollenspiel sollte es erklären. Zwei Freiwillige kamen nach vorne, ein Mädchen und ein Junge. Beide kicherten, als es hieß, sie dürften sich nun wie Mann und Frau fühlen, natürlich nur für die Zeit des Spiels. Küssen war nicht erwünscht, Pathos jedoch schon. Nach der perfekt inszenierten Trauung auf der Bühne hielt das Teenagerpaar gemeinsam ein Herz in den Händen. Das Symbol der Liebe war mit blutroter Farbe auf ein Holzbrett gemalt und hätte das Happy End bedeuten können. Doch was wäre ein anständiges Rollenspiel ohne unanständige Eskapaden?

Ich rede nicht von Strapsen, Handschellen und Peitschen, denn immerhin schauten Kinder zu. Und die erfuhren im nächsten Akt der Laiendarbietung von einem schmutzigen Geheimnis. Wie ein Erzähler verriet, wies das junge Glück einen bedauerlichen Makel auf: Die Braut war nicht keusch vor den Altar getreten. Sie hatte sich in ihrem früheren Leben bereits mit anderen Männern eingelassen und vielleicht sogar noch Spaß dabei gehabt, das kleine Luder. Die Folgen: eine vorzeitige Ehekrise und ein Termin beim Urologen. Statt ihrer Jungfräulichkeit schenkte sie ihrem arglosen Gatten Chlamydien, Genitalherpes, Gonorrhö oder sonst irgendetwas, das böse juckt und kratzt. Und weil Taten manchmal mehr als Worte sagen, erlebte der Saal zum Abschluss eine Szene wie aus dem Texas Chainsaw Massacre. Mit Overall, Maske und roter Nase stürmte ein Horrorclown die Bühne. Er warf eine Motorsäge an und schnitt das schöne Herz entzwei.

Blitze, Trommeln, unheilvolle Streicher. Das Gemetzel dauerte lang, und es roch nach Benzin, als die Show in eine Predigt mündete. Während noch immer Entsetzen in den Mienen der versammelten Kinder lag, kam ein großer, charismatischer Mann hinter den Kulissen hervor, zwar längst ergraut, aber immer noch ungemein vital in seiner Statur. Er nutzte die Macht der Stille. Für eine andächtige Weile stand er bloß da und verharrte im Lichtschein des Podiums. Der Zeremonienmeister behielt die Hände in den Taschen, blickte sorgenvoll in den Saal, seufzte und ließ wirken, was gerade geschehen war.

«Eure Welt ist sexuell verdorben», sagte er mit einer Stimme, die wenig Trost versprach. «Unsere Welt ist sexuell verdorben. Millionen von Amerikanern leiden unter Krankheiten, die sie sich durch Geschlechtsverkehr zugezogen haben – und es gibt dafür kein Heilmittel.»

Doch der Mann eröffnete den Mädchen und Jungen einen Weg zur Erlösung. Er streckte bedeutungsvoll die Hand empor und wies auf den Silberring, den er am Finger trug. Das Schmuckstück schimmerte im Bühnenlicht.

«Wenn ihr euch für die Tugend der Enthaltsamkeit entscheidet und symbolisch diesen Ring anlegt, erwartet euch Segen. Gott hat die Sexualität erschaffen, und Gott hat sie mit einem Zweck bedacht. Folgt ihr diesem Zweck, wird euer Leben gesegnet sein. Andernfalls ...»

Er hielt einen Moment inne.

«... tragt ihr die Konsequenzen.»

Es waren die Worte von Denny Pattyn, dem Hohepriester der reisenden Show. Er hatte «Silver Ring Thing» ins Leben gerufen, eine christliche Bewegung, die von Schule zu Schule zog und für Keuschheit warb – mit einem «Purity Ring», dem sogenannten Ring der Reinheit. Pattyn machte keinen Hehl daraus, dass er vom Saulus zum Paulus gereift war. Sein Weg zu Jesus Christus und der Heiligen Schrift hatte durch einige Betten geführt, und auch dem Rausch war er in seinen Lotterjahren ausgiebig verfallen. Nun jedoch sah er sich auf göttlicher Mission. Pattyn wollte seine eigene Tochter vor all den Versuchungen bewahren, die da draußen lauerten – und mit ihr die Söhne und Töchter der gesamten Vereinigten Staaten. Solche Abstinenzbewegungen fanden erstaunlichen Zuspruch im Land der Gegensätze und der Bigotterie. Miley Cyrus trug einen Keuschheitsring, genauso wie Justin Bieber. Wie sich ihre Lebenswege danach entwickelten, ist bekannt. Von Britney Spears, der ewigen Jungfer, wollen wir gar nicht erst reden.

Ich hatte die Ehre, den Herrn der Ringe persönlich zu sprechen. Auf dem Parkplatz vor dem Tourmobil zog er das Symbol der Unbeflecktheit von seinem Finger. Er hielt es gegen die sinkende texanische Sonne.

«Das ist er», sagte Pattyn.

«Der Ring», murmelte ich, versunken in eine seltsame Art von Trance, während ich das versilberte Stück zum ersten Mal aus der Nähe betrachtete.

«Richtig», fuhr Pattyn fort. «An einem Abend wie diesem streifen sich die Schüler den Ring über den Finger. Dann, am Hochzeitstag, nehmen sie ihn wieder ab und schenken ihn dem Ehemann oder der Ehefrau. Dazu sprechen sie die Worte: Ich habe auf dich gewartet.»

«Und aus welchem Grund tragen Sie den Ring?»

«Weil er mich jeden Tag daran erinnert, für die Unschuld meiner süßen Tochter zu beten.»

Groß wie Gandalf, der Graue, standhaft wie Frodo auf dem Weg nach Mordor und stets von einem Ernst durchdrungen wie Sauron, dessen Auge alles sieht, jeden Kuss, jedes Streicheln, jede kleine Fummelei. Denny Pattyn hatte durchaus eine gewisse Wirkung auf mich, mit seiner weihevollen Ruhe und den breiten Schultern, auf denen er die Last der Welt zu tragen schien. Ein Lächeln wäre nett gewesen, aber wer auf Gottes heiligen Pfaden wandelt, hat Größeres im Sinn.

«Ist Sex vor der Ehe eine Sünde?», fragte ich.

«Ja», antwortete er ohne Zögern und nickte. «Das sagt

Gott. Was ich denke, spielt keine Rolle. Der Herr befiehlt es uns.»

Und es geschah, dass Gott, der Herr, zu den texanischen Kindern sprach: Gehet hin, schauet und kaufet. So wie der Weg aus Disneyland durch den Souvenirshop führt, wartete auch vor der Basketballhalle ein reges Handelstreiben. Längst hatten sich Schlangen gebildet, um die Silberringe anzulegen, in verschiedenen Größen und Variationen. Manche waren mit Gravuren versehen, Psalmworte und Segenssprüche, andere trugen die Inschrift «worth the wait» – es lohnt sich abzuwarten. Außen prangte auf jedem Ring derselbe Verweis auf ein Bibelzitat. Kapitel vier, Vers drei aus dem ersten Brief des Paulus an die Thessalonicher: Denn das ist der Wille Gottes, eure Heiligung, und dass ihr meidet die Hurerei.

«Unbefleckt zu bleiben, ist das größte Geschenk, das man seinem Ehepartner machen kann», erklärte mir ein stolzer Vater. Seine Tochter, ein zehn- oder elfjähriges Mädchen, trug den Ring bereits am Finger. «Als ich ihre Mutter kennenlernte, war ich selbst noch Jungfrau», fuhr der Mann mit dem Bart und der Baseballkappe fort. «Wir beide warteten mit dem Verkehr bis zur Hochzeitsnacht.»

«Und wieso?», fragte ich.

«Weil es Gottes Wille ist seit Anbeginn der Zeit.»

«Und wenn mich ein Junge fragt, ob ich Sex mit ihm machen will», fügte Daddys Girl hinzu, «dann sage ich: Halt! Nein! Hau einfach ab!»

Auch bei den Highschoolboys war der Ring beliebt. Einer von ihnen streckte mir selbstbewusst seine Hand entgegen, an dem das Kleinod glänzte.

«Warum hast du ihn gekauft?», fragte ich.

«Weil ich mir mein Leben nicht mit einer Geschlechtskrankheit versauen will», sagte er und sah mich mit seinen großen, wahrhaft unschuldigen Augen an.

«Glaubst du, andere könnten sich über dich lustig machen?»

«Das kümmert mich nicht», antwortete er. «Sie werden irgendwann in der Klinik enden, und dann sehen sie schon, was sie davon haben.»

Ehe die Sonne an diesem Abend über God's own country niederging, fanden vierhundert Silberringe ihren Weg an Kinderhände. Zwanzig Dollar das Stück. Ein Ring, sie alle zu verklemmen.

SOUVENIRS

Bali

Mit einem silbernen Elefanten fing es an. Ich kaufte ihn am Suvarnabhumi Airport in Bangkok, um mich an eine gute Zeit zu erinnern, den ersten Urlaub seit sieben Jahren. Sieben Jahre war ich geflogen, gefahren und gewandert, stets auf und davon, aber selten hatte ich mir etwas gegönnt. Etwas Schönes, etwas Besonderes, etwas von Wert, das den Moment überdauert. So betrachtet ist der Elefant, der daheim auf meinem Schreibtisch steht, nicht nur ein Andenken an Som Tam und Sticky Rice, sondern auch eine Erinnerung an mich selbst. Hin und wieder höre ich seine Stimme: Gib auf dich acht, mein Freund, sei klug. Mag der Wind auch in den Blättern rauschen, die Zweige bewegen und so manchen brechen, bleibe stark, und vergiss nicht, wer du bist – jenseits aller Fristen, Termine und Ticketnummern. Und übrigens, wenn du schon den großen, runden, blauen Lampion bereist, warum bringst du dann nicht etwas Schönes mit?

Seither sammle ich Souvenirs: eine Wunderlampe aus dem Orient. Ein lammlastiges Rezeptbuch von der Lieblingsfrau eines Beduinenkönigs. Einen klitzekleinen Gummiring aus Neuseeland, mit dem man Schafböcke kastriert. Eine holzgeschnitzte Kinderpfeife aus dem Ministerium für Wiedervereinigung in Seoul. Ein Stück tahitianische Kokosseife, das den Duft von Tiaréblüten verströmt. Einen Riffhaken aus dem Inselstaat Palau – er dient dazu, sich beim Strömungstauchen an eine Klippe zu ketten und in Ruhe die Haie vorbeiziehen zu lassen. Allerlei kunterbunte Visitenkarten von jedem Kontinent, die meine oberste Schreibtischschublade verstopfen. Viel zu viele Kugelschreiber, Nähsets und Duschhauben aus den Hotels, in denen ich meine kleptomanische Ader entdeckte. Ein Glas selbst geimkerter Honig aus Adamstown auf den Pitcairninseln, der kleinsten Hauptstadt der Welt mit nur siebenundvierzig Seelen. Ein Salz-und-Pfeffer-Streuer-Paar in Gestalt eines weiß verhüllten arabischen Herrn und einer schwarz verschleierten Dame mit Niqab – aus Respekt habe ich sie nie befüllt. Ein Armband aus schwarzem Weihrauch vom heiligen Berg Athos, auch Garten der Mutter Gottes genannt. Einen Yukata von einer Tempelnacht auf dem Kōya-san, der mich kleidet wie einen japanischen Mönch. Eine liebevoll kolorierte Bhagavad Gita – die vedische Schrift wurde mir am Ganges überreicht, ausgerechnet von einem Polizeioffizier. Einen Talisman von einem Juwelier aus Jaipur, der sich nebenher als Auraleser verdingte und mir riet, Smaragde zu tragen, um mein Wasserelement zu stärken. Eine Ansteckknadel von einer Motorradparade am Veteranentag in Detroit. Eine Kaffeetasse aus einem Waffenclub in Madison County, Texas, wo ich lernte, mit Großkalibern zu schießen. Einen Kühlschrankmagneten aus Transnistrien mit einem stilisierten Atompilz und dem Sprüchlein «In Putin we trust!». Eine Magenverstimmung aus Taschkent. Einen hingehauchten Wangenkuss von einer ukrainischen Miss World. Eine Büste des barbarischen Geheimdienstlers Dzierżyński, die ich als Gast in einer Steinmetzerei im russischen Kaluga geschenkt bekam – und aus diplomatischen Gründen nicht ablehnen konnte. Sie schläft in der untersten Schublade, beschwert meine Steuerquittungen und erblickt nur einmal im Jahr das Licht. Manche sagen, ich übertreibe es mit den Souvenirs, aber so ist der kleine silberne Elefant nicht mehr allein.

Auch in den belebten Gassen von Ubud sah ich mich nach einem Erinnerungsstück um. Es war ein guter und zugleich schlechter Ort für die Suche, denn Millionen von Menschen teilten mein Begehr nach Staubfängern, Schnickschnack und Kitsch. Wer sich im balinesischen Süden nicht um die Gunst der Götter bemühte oder um einen Regenschirm an den Tagen des Monsuns, der war auf der Jagd nach Souvenirs. Und so hatte die überwältigende Nachfrage ein aberwitziges Angebot geschaffen, dominiert von touristischer Monokultur.

«Sarong, Sarong!», hallten die Stimmen durch ein Gebäude, das an ein Parkhaus erinnerte. Es war aus rohem Beton und ragte doppelstöckig in die Höhe, ohne Fensterscheiben und vom Wind durchdrungen, wenn eine Brise wehte. An jenem Tag jedoch lag die Luft still. Der Schweiß der Reisenden rann die Wände hinab, ließ Moos und schwarzen Schimmel sprießen, fraß sich Tröpfchen für Tröpfchen in die Schaltkästen hinein und sorgte für ein Lampenflackern auf den schummrigen Gängen. Es schien, als würde der Basar nur mehr vom Gewirr aus Stromkabeln und den Schlingen der Banyanbäume zusammengehalten, die sich zügellos um seine Balustraden und Wellblechdächer rankten.

Der Ubud Market war von den üblichen Waren überschwemmt. Wickelröcke, Batiktücher, Schals aus zart fließender Seide, geflochtene Strandtaschen und Opferkörbe, Sambalpaste und Kokosöl, mundgeblasene Vasen, handgeschnitzte Barongmasken, die böse Geister vertreiben, und Katzenkaffee, der schon einmal durch den Darm eines Fleckenmusangs gerutscht war und auf jenem verschlungene Weg seine einzigartige Note erhielt. Sämtliche balinesischen Kaufleute verfügten über dieselbe Auswahl an Waren und priesen sie mit den immer gleichen, ewig kreisenden Worten an. Bis auf einen.

Dieser Händler lehnte in seinem Ladeneingang im oberen Geschoss. Rauchend beobachtete er das Treiben auf dem Basar und verzichtete darauf, Touristen mit Marktgeschrei zu ködern. Lieber überließ er es dem Universum, für Kundschaft zu sorgen. Als sich unsere Blicke trafen – meine in hektischer Suche nach einem Souvenir, seine glasig, aber souverän –, nickte er bloß und schwieg. Trotz seiner Jugend schien der Mann tief in sich zu ruhen. Als wisse er genau, dass ihn niemand auf dem Basar an Qualität übertreffen könne. Darum trat ich ein.

Natürlich nicht ohne Plan. Wer aus dem Westen kommt und Raubtierkapitalismus gewohnt ist, wetzt vor dem Konsum seine Krallen. Zweihundertfünfzigtausend indonesische Rupiah, eine Viertelmillion, so lautete mein Limit. Mehr als umgerechnet zwanzig Dollar würde ich nicht für die Buddhastatue bezahlen, nach der ich Ausschau hielt. Um diesen Preis zu erzielen, griff ich auf eine bewährte Methode zurück. Sie war international erprobt und galt über alle Ländergrenzen hinweg, vom Jaipur Bazaar über den Souq Waqif in Doha, Katar, bis zum berühmten Grand Bazaar in Istanbul, nahe der Hagia Sophia, wo ich von den Meistern lernte: Kenne den Wert des begehrten Objekts, und sei bereit zu feilschen. Beginne mit einem niedrigen Angebot, jedoch nicht so tief, dass es den Händler in seiner Ehre beleidigt. Bleibe geduldig und ungerührt, dein Mund ist dein Tiger, und behalte stets dein Ziel im Auge. Nutze das Schweigen, denn nichts ist mächtiger als die rhetorische Pause, und wisse, wann es Zeit ist weiterzuziehen.

Um ehrlich zu sein, waren all diese Lehren schmerzvollen Erfahrungen geschuldet. Und so fasste ich noch einen weiteren Entschluss, ehe ich mich auf die Jagd begab: keine Emotionen. Wie sehr mich eine der Götterfiguren auch reizte und wie gerne ich sie zu Hause neben den Elefanten auf meinen Schreibtisch stellen wollte, ich würde mein Interesse nicht zeigen, kein Jauchzen, kein Jubel, nicht den Hauch von Schwärmerei. Ich war ein Kunde und wollte König sein, keineswegs Narr, darum setzte ich eine schwer zu deutende Miene auf, die meine wahren Gefühle verbarg. Sachlich, nüchtern, neutral.

Wie sich erwies, hatte ich den Laden ganz für mich allein, was einerseits Luxus war, andererseits ein Problem. Wohin ich auch ging, zwischen all den Regalen voller Büsten, Statuen und Reliefs hindurch, die geröteten Augen des rauchenden Händlers begleiteten mich. Doch damit nicht genug. Bald darauf löschte er seinen Tabak, holte eine Bambusflöte aus seiner Bermudahose hervor, begann zu spielen und spazierte mir auf Schritt und Tritt nach. Während ich mich also mühte, mein Pokerface zu zeigen, gleichgültig, aber nicht ohne den nötigen Respekt, nonchalant, aber nicht naserümpfend, blieb er dicht in meinem Rücken und musizierte.

«Lassen Sie sich nicht stören, Sir», sagte er listig lächelnd, als ich für eine Sekunde innehielt und mich zu ihm wandte. «Schauen Sie sich in aller Ruhe um.»

Kaum setzte ich die Suche jedoch fort, war schon wieder sein fröhliches Liedchen zu hören, Trillili und Tüdeldü. Der Säuselsound eines gewieften Geschäftsmanns, der zweifellos seine eigene Strategie verfolgte, und jeder Buddha in seinem Laden schien sein Freund und Komplize zu sein. Wenn ich eine der Skulpturen aus dem Blick verlor, rollte sie heimlich im Takt der Musik mit den Augen.

Dummerweise waren es schöne Stücke, wie ich fand. Der wissende Blick des Händlers hatte nicht zu viel versprochen, und eine der Figuren sagte mir besonders zu. Sie stand eher versteckt, in den unteren, dunklen Reihen der Regale, doch ihre Siddhartapose war von großer Weisheit und Pracht – die Hände in den Schoß gelegt, das Prana fließend, der Geist in Stille verweilend. Das gefiel mir, was angesichts des penetranten Pfeifenkonzerts wenig verwunderte.

Wie geplant wahrte ich äußere Gelassenheit und wollte mich gerade herüber zum nächsten Regal bewegen, da legte der Kaufmann unversehens die Flöte nieder.

«How much?», fragte er.

How much? Das war doch mein Part, oder nicht? Sollte ich denn nicht derjenige sein, der zuerst nach einem Preis fragt? Wollte der gute Mann etwa das internationale Reglement des Schacherns und Feilschens missachten? Oder wusste er es nicht besser? Und überhaupt, wie konnte er ahnen, dass ausgerechnet dieser Buddha so sehr mein Interesse weckte?

«How much, Sir?», wiederholte er seine Worte. «Kommen Sie schon, schießen Sie los, wie viel ist Ihnen die Statue wert?»

«Nun», antwortete ich mit der Güte eines Erleuchteten und ließ in innerer Einkehr verharrend die Macht der Gedanken walten. «Einhunderttausend.»

«Soso.»

Der Händler hob das Mundstück an die Lippen und trällerte eine heitere Melodie.

«Also hunderttausend, ja?»

«Nicht mehr», sagte ich in ernstem Ton.

«Wissen Sie, was, mein Herr?»

Er nickte.

«Dafür gebe ich Ihnen zwei.»

«Zwei?»

«Zwei von den Statuen. Und dazu noch das hier.»

Nun bückte sich der Verkäufer. Er kramte in einem Rattankorb, zog einen Flaschenöffner daraus hervor und hielt ihn mir unter die Nase. Es war ein Kronkorkenheber, wie man ihn kennt, der Griff geschnitzt und handbemalt, jedoch in Form eines vollständig erigierten männlichen Geschlechtsteils samt Hodensack, lang und dick wie eine Bittergurke – ein beliebtes Fruchtbarkeitssymbol auf der Insel. Es kam noch schlimmer. Als ich den Buddha näher besah, musste ich erkennen, dass er beileibe nichts Besonderes war, so fein seine Züge auch wirkten. Das Ding war aus Gips gegossen und anschließend in schwarze Farbe getaucht. Jetzt wusste der Händler also, dass ich keinerlei Auge für die balinesische Kunst besaß. Er hätte mich ohne jede Mühe ausnehmen können, dann aber wäre er als Schleichkatze wiedergeboren worden, gepfercht in einen winzigen Gitterkäfig, und hätte bis ans Ende seiner schnurrenden Tage die Beeren der Kaffeebäume fressen müssen. In keinem Land der Welt leben so viele Muslime wie in Indonesien, doch auf Bali regiert das Karma. Und die hinduistische Lehre des Karmas besagt: Das Glück liegt in uns, nicht in den Dingen.

«Sir, niemand zwingt Sie, etwas zu kaufen», sagte der Ladenbesitzer und flötete vor sich hin, während ich die Gipsfigur zurück an ihren Schattenplatz stellte. Dieser Spruch fällt auf jedem Basar der Welt und wirkt wie schleichendes Gift. Zunächst nimmt er Stress und Druck und lockt tiefer in das Geschäft hinein. Je mehr Zeit jedoch verstreicht, umso schwerer legt er sich auf das Gewissen des Kunden: Wenn ich nach all dem Hin und Her, Vor und Zurück noch den Laden verlasse, ohne irgendetwas käuflich zu erwerben, wird einer von uns das Gesicht verlieren, entweder der Händler oder ich. Und was sagt mein Karma dazu?

«Was ist schon Geld?», schien jemand zu flüstern. «Jetzt hab dich nicht so, mein Freund, leere deine Taschen, und nimm mich mit auf große Fahrt. Oder möchtest du eines Tages der reichste Tote auf dem Friedhof sein?»

Dieser geheimnisvolle Jemand trug ein sanftes Lächeln um die Lippen, sein Haar war zu sorgfältigen Locken gelegt, die Augen bis auf einen Spalt geschlossen und dennoch von solcher Kraft durchdrungen, dass es mir vorkam, als könnte ich seine Stimme hören – obwohl er nur aus Bronze gegossen war.

«How much, Sir?», fragte der Händler und genoss den Glanz in meinem Blick. Er hatte den wunderbaren großen Buddhakopf, der zu mir sprach, nicht ohne Grund so prominent auf dem Regal platziert.

«How much?»

Ich wiederholte seine Worte, tat einen Seufzer und verstummte. Diesmal schwieg ich nicht aus Kalkül, während ich die Büste in Händen wog, es war pures Staunen. Ich hatte mich in das bronzene Kunstwerk verliebt, das goldbraun aus seiner Tiefe schimmerte. Und wir wissen ja, wie es mit der Liebe ist. Wenn sie dich packt, dann packt sie dich mit allen Konsequenzen.

«Das, mein Herr ...», sagte der Händler, «ist etwas Besonderes.»

Er nahm seine Flöte und begann zu spielen.

«Zweihunderttausend Rupiah», sagte ich zögernd. Es war ein gutes erstes Angebot, wie ich fand, doch der Händler flötete weiter.

«Dreihunderttausend», sagte ich.

Er flötete weiter.

«Vierhunderttausend», sagte ich, aber Tüdeldü, Trillili, der Mann spielte munter sein Liedchen, und ich vergaß bei alldem die wertvollste Lektion. Wisse, wann du weiterziehen musst. Als das Flötenspiel verklang, lag eine halbe Million auf dem Tisch – für den göttlichen Bronzekopf, den Buddha aus Gips und eine gute Zeit.

SCHWEINEREI

Helsinki

Es war kalt in Helsinki. Der Winter zog durch verschneite Straßen und strich über die Mansarden der vereisten Dächer, als ich aus einer Tanzschule geworfen wurde.

«Schweinerei!», hallte es bis auf die Treppen wider, begleitet von weiteren deutschen Flüchen mit finnischem Akzent. «Verschwinden Sie! Los, raus mit Ihnen!»

So kann es laufen, wenn man eine lebende Legende trifft, die sich als launische Diva entpuppt. *Paska tuuri*, pflegen die Finnen zu sagen, verdammtes Pech. Ich war gerade Åke Blomqvist begegnet, dem populärsten Tanzlehrer des Landes, und wie es schien, hatte ich ihn beleidigt. «Fünfhundert Euro!», rief er mir mit heiserer Stimme nach. «Sonst Schweinerei!»

Åke Arthur Blomqvist war das ideale Beispiel für die Regel «Never meet your heroes». Jedes Kind am Finnischen Meerbusen kannte seinen Namen und wusste, über welches Können er verfügte – selbst im ehrwürdigen Alter von über achtzig Jahren. Er war ein nationaler Mythos, eine Ikone in schwarzem Maßanzug mit apricotfarbener Seidenkrawatte. Der Grandseigneur mit dem Einstecktuch und dem grauen, steil auftoupierten Haar, das an «Bram Stoker's Dracula» erinnerte, brachte den

Finnen das Tanzen bei – und zwar seit Generationen. Die Älteren hatten in seinen landesweiten Schulen den Quickstep, Jive und *Humppa* gelernt, die finnische Variante des Foxtrotts. Unter den Jüngeren galt er als unsterblicher «King of Disco». Sie klickten, teilten und feierten seine Tanzlehrvideos aus den Siebzigern, in denen «Daddy Cool», wie sie ihn nannten, die Füße über das Parkett gleiten ließ: «Yksi, kaksi, kolme!», eins, zwei, drei. Seine lässigen *Side* und *Shuffle Steps*, zu denen der Maestro mit keiner Wimper zuckte, hatten es längst bis auf die Leinwand und in große Werbefilme geschafft, ins Fernsehen ohnehin.

Und was führte mich in seine Nähe? Ich war gekommen, um Tango zu lernen, Finnischen Tango, so absurd es klingt, den heimlichen Nationaltanz des Landes, wie es hieß. Weder bei der Tarantella Napoletana noch auf den bebenden Flamencobühnen von Granada würden sich Mann und Frau so leidenschaftlich im Takt der Musik verlieren wie hier, ausgerechnet in den eisigen Weiten des Nordens. Und niemand sonst in Europa wisse mehr über die finnische Version des Tangos zu verraten als jener zornige Herr, der soeben demonstrativ die Tanzschuhe vor mir ausgezogen hatte. Åke Blomqvist war ein Star, ein Großmeister und Guru, gewissermaßen ein suomischer Swami – und leider wusste er das nur zu gut. Darum rief er für das Interview, zu dem ich eigens nach Helsinki geflogen war, urplötzlich eine finanzielle Prämie auf: «Fünfhundert Euro!», hörte ich ihn toben und fürchtete, er würde mir gleich seine gelackten Schuhe durch die Fenster des Studios in den Nacken schleudern. «Fünf! Hundert! Euro! Oder Schweinerei!»

Seine Worte waren laut und klar: einen halben Riesen für jede halbe Stunde seiner kostbaren Zeit. Am Telefon war von Geld keinerlei Rede gewesen. Da hatte «Daddy Cool» noch ganz anders geklungen. Als ich ihn Tage zuvor persönlich an die Strippe bekam, zeigte er sich interessiert und charmant, kokettierte mit seinem deutschen Sprachschatz, den er wohl in dunkleren Zeiten erlangt hatte, und schien sich durchaus geschmeichelt zu fühlen, dass jemand mitten im Herzen des Winters von so weit her anreiste, um ihn vor der Kamera zu befragen. Was lag mir ferner, als den alten Mann auszubeuten? Ich zähle nicht zu den Journalisten, die anderen die Seele stehlen, um Schlagzeilen damit zu machen. Gott behüte, ich wollte Åke Blomqvist ein filmisches Denkmal setzen. Ihn huldigen und lobpreisen für die Wunder seiner Kunst, die er so bravourös auf das Tanzparkett brachte. «Und was, verdammt noch mal, hab ich davon?», tönte es bis auf die Straße hinunter. «Große Schweinerei!»

Da stand ich nun, frierend vor der ins Schloss gefallenen Tür der *Tanssikoulu Åke Blomqvist*. Ein junger Reporter mit gestrickten Handschuhen und geröteten Wangen, der doch nur wissen wollte, warum die Finnen so gerne Tango tanzen, wenn es stimmte, was die Popkultur versprach. Aki Kaurismäki, der exzentrische Regisseur, behauptete sogar, seine Landsleute hätten den Tango vor langer Zeit erfunden und eines Tages über das Meer nach Uruguay und Argentinien verschifft. In Seinäjoki, vierhundert Kilometer nördlich von Helsinki, fand Sommer für Sommer der Tangomarkkinat statt, das älteste Tangofestival der Welt. Dann lagen sich Tausende Menschen auf der Tangokatu, der Tangostraße, in den Armen und tanzten, bis die Nacht aufzog – und bekanntlich kennt der Mittsommer kaum eine Nacht.

Nun aber herrschte Dunkelheit. Und ich hatte keine fünfhundert Euro. Aber selbst wenn ich irgendwo in den Taschen meines Parkas einen halben Tausender entdeckt hätte, ich hätte ihn dem Wütenden nie und nimmer überlassen. «Daddy Cool» mochte mich ein Schwein nennen oder in seiner kantigen Muttersprache «Perkele!» schimpfen und mich polternd hinab zu «Saatana!» in die tiefste «Helvetti!» wünschen, es änderte nichts daran: Geld für Interviews auf den Tisch zu blättern, war gegen mein berufliches Ethos. Was das betraf, hielt ich es streng mit den Granden meiner Zunft: «I don't push, I don't beg, I don't pay», lautete das Mantra des gepflegten Gonzojournalismus, von Hunter S. Thompson über Tom Wolfe bis Helge Timmerberg. Nicht drängen, nicht betteln, niemals für Geschichten bezahlen.

Zu meinem Trost war ich nicht allein aus der Tanzschule geflogen. Ich teilte mein Schicksal mit einem treuen Gefährten, der nun, nachdem wir einige Straßen weitergegangen waren, nicht länger an sich halten konnte. «Schweinerei!», rief er so voller Inbrunst, dass es durch die gepflasterte Altstadt von Helsinki schallte. «Große Schweinerei!» Dazu stakste er auf seinen langen ostfriesischen Beinen durch den Schnee, den Blick voran, den Rücken betont gerade, das Kinn erhoben, die Schultern leicht nach hinten gezogen. So aufrecht wie jener allseits beliebte Tanzkavalier, der uns beide in seinem cholerischen Anfall zur Hölle gewünscht hatte.

«Gastmann, Sie wisse was?», sagte mein Leidensgenosse und beugte sich zu mir herunter. Er kniff ein Auge zusammen, hielt mir drohend den gekrümmten Zeigefinger ins Gesicht und fluchte in perfekt nachgeäfftem Blomqvist-Deutsch: «Jetzt Sie gehe gefälligst mit mir eine saufe, sonst Schweinerei!»

Matze war nicht nur der beste Freund, den man sich auf Reisen wünschen konnte, und ein begnadeter Filmer. Er erwies sich auch als begabter Stimmimitator und Bewegungskünstler. Fünfhundert Euro hatte er jedoch genauso wenig übrig wie ich, schon gar nicht für die Allüren eines finnischen Dandys im Senium seines schillernden Lebens. Matze, der Produzent des Films, «zahlte den Bums», um es mit seiner Schnauze zu sagen. Er streckte das Geld für unsere gemeinsame Suche nach dem Geheimnis des Finnischen Tangos vor, drehte die Bilder in Eigenregie und schnitt sie später zusammen, um die fertige Reportage an einen Fernsehsender zu verkaufen. Weil die Sender aber ein bissiges Krokodil in der Tasche hatten, vor allem wenn es um abseitige Themen aus der Kulturszene ging, konnte er nicht mit Scheinen um sich werfen. Und seien wir ehrlich: Finnischer Tango war «arty as fuck», eines der abseitigsten Themen, die es auf der Welt gab.

Für ein *Lapin Kulta Premium*, ein vollmundiges *Karhu* oder ein süffiges *Koff* mit goldgelber Färbung und fruchtsüßer Note genügte das Budget dagegen schon. Vielleicht kippten wir auch zwei oder drei, um den Frust erfolgreich zu ertränken. «Jos ei sauna, terva ja viina auta, niin tauti on kuolemaksi», heißt es im Land der Finnen. «Wenn Sauna, Teer und Schnaps nicht helfen, dann ist die Krankheit tödlich.» Das Bier im Kneipenleben von Helsinki stellte sich als lohnende Investition heraus. Wie es nun mal so läuft, kamen wir beim völkerverbindenden und allseits beliebten «Hölökyn kölökyn!» rasch mit den Kindern der Stadt ins Gespräch. Die jungen Finnen erzählten uns von einem alten Keller. Im *Vanhan Kellari*, tief im Untergrund der Hauptstadt sozusagen, sei die Seele des Finnischen Tangos verborgen. Allerdings auch sein blutendes Herz, die Lippen und die kreisende Lende, orakelten die Jugendlichen, was untermalt von ihrem Kichern weniger nach Bewegungskunst und vielmehr nach einer Warnung klang. «It's a pickup place!», verrieten sie und ließen noch eine weitere Runde kommen. «You don't go there when you're sober.»

Ich erinnere mich noch an den Samt auf den Stufen, die Messingleisten, den goldenen Handlauf und die verspiegelten Wände des Tunnels, der hinab in den Keller führte. Unten, am Ende der Treppe, spielte ein Tanzorchester: Trommel, Gitarre, Saxophon und Wohnzimmerorgel, getragen vom Seufzen eines Akkordeons. Wie es schien, reihte der Sänger wahllos Vokale und Konsonanten aneinander. «Aavan meren tuolla puolen jossakin on maa», klagte der Tangotenor, versunken im schummrigen Licht und in all den Molltönen, die den Raum erfüllten. «Missä onnen kaukorantaan laine liplattaa.»

Satumaa hieß der Song. Ein Klassiker des Finnischen Tangos, der von einem Märchenland jenseits des Meeres erzählt: wo die Blumen blühen, wo die Sorgen vergessen sind, wo eine Welle ans Korallenufer des Glückes schwappt und die Liebe wohnt. «Ach, könnte ich nur einmal dieses Traumland betreten», schloss der Sänger seine musikalische Reise. «Ich würde niemals wieder fortziehen wie ein Vogel. Doch ohne Flügel kann ich nicht fliegen. Ich bin ein Gefangener der Erde. Nur in Gedanken, die so weit reichen, werde ich jemals dort sein.»

Ja, es gab Gründe, weshalb man den *Vanhan Kellari* wohl besser nicht nüchtern betrat. Die tiefe Melancholie des unterirdischen Ortes klebte auf jedem Trinkschemel und Schankstuhl an der Theke. Sie glimmte in den Lämpchen der Girlanden über dem Parkett, schien in den gemächlich rotierenden Discokugeln wider und lag in jedem Tanz der Paare, die sich in der Schwere des Tangos verloren, eng und immer enger umschlungen. Wenn es Feuer war, das in den Finnen brannte, dann bändigten sie es mit ihrer äußeren Kühle und stoischen Gelassenheit. Auf einer anderen Reise hatte ich einmal eine Bar in San Telmo besucht, dem Tangoviertel von Buenos Aires. Die Leute dort schoben die Tische beiseite, als die Nacht über dem Barrio sank, und stürzten sich in einen Tanz, der vor Stolz, Kraft und Sex-Appeal nur so strotzte. Argentinischer Tango vereinte die Habanera der Kubaner mit der Milonga und konnte archaisch wie die Corrida de Toros sein, eine Zerreißprobe zwischen Mann und Frau. Er versucht, sie im Tanz zu bezwingen. Und sie, die Dame? ¡Atención! Sie ist die Göttin auf Stilettos, die Allmächtige, die dramatisch die Beine spielen lässt, die stöckelnd ihrer eigenen Wege schreitet, und nur wenn sie sich wirklich gnädig zeigt, führt dieser Weg in seine Arme.

Diese Phase des Lebens hatten die Gäste des *Vanhan Kellari* hinter sich. Manch silbernes Haar, mancherlei Hörgerät und der leicht gebückte Gang des ein oder anderen zeugten von der langen Reise, die ihn in das Tanzlokal gebracht hatte. «Abschleppkeller» schimpften es die Jüngeren in Helsinki. Erst werde gespeist, dann geschwoft und zu später Stunde nur noch schamlos gegrapscht. Das Schauspiel, das ich jedoch an diesem Abend erlebte, war nicht ohne Stil. Was ich beobachtete, lässt sich wohl am ehesten als Halten und Verharren beschreiben. Ein zwar schleppendes, aber würdevolles Schweben der Paare zwischen den Schatten auf dem Parkett, Wange an Wange geschmiegt. Hier und da drehte jemand seine Auserwählte im Kreis. Ein Wagemutiger führte seine Dame sogar mit kurzen, trippelnden Schritten quer durch den Raum und neigte sie anschließend in dramatischer Weise nach hinten, bis zum Bretterboden, soweit die Hüfte eben hielt. Doch nicht lange, da fanden sie sich in inniger Umarmung wieder, zurückgekehrt ins andächtige Tasten nach der Erinnerung, nach leuchtenden, längst vergangenen Tagen. In der Wehmut des Finnischen Tangos lag seine Schönheit. Es war noch einmal gestern im alten Keller von Helsinki, und das genossen sie in stiller Zweisamkeit, die Latinos des Nordens.

«Finnen sind nicht sehr verbale Menschen. Die Gefühle drücken sie anders aus, zum Beispiel durch einen langsamen, leidenschaftlichen Tanz.»

Dieses Bekenntnis hörte ich nicht etwa von einem Finnen, sondern von einem Bodenseeschwaben. Roman Schatz, der aus Überlingen stammt, gilt als berühmtester Deutscher in Finnland. Damit hat er eine typische Marktlücke geschlossen, wie mir scheint. So durfte ich in meiner Laufbahn bereits den berühmtesten Deutschen in Polen, den berühmtesten Deutschen in Japan, die ehemals berühmteste Deutsche in Aserbaidschan und den wohl berühmtesten Deutschen in Taiwan interviewen.

«Ich bin berühmt am Arsch der Welt!», sagte Roman Schatz, der sich selbst als «Medienschlampe» bezeichnete und ebenso gerne fluchte wie der berühmteste Tanzlehrer der finnischen Nation. Roman Schatz begegnete mir jedoch nicht mit Schlips und Kragen, sondern mit geringeltem Schal, angegrautem Dreitagebart und Kaugummi zwischen den Zähnen. Natürlich kokettierte er. Was seine Heimat betraf, mochte er sich als Nobody fühlen wie wohl auch der berühmteste Deutsche in der Volksrepublik China, der berühmteste Deutsche in Vietnam und der berühmteste Deutsche in Tadschikistan, wenn es ihn denn gibt. Unter all jenen unbekannten Bekannten jedoch war Roman Schatz wahrscheinlich der körperlich größte, stimmlich brachialste und zweifellos der vielseitigste Vertreter seines Volks. Er moderierte TV-Shows, publizierte Buch für Buch, schrieb Kolumnen für die finnische Zeitung und gab gelegentlich den bösen Nazi in Filmen, wie es berühmten Deutschen im Ausland nun mal gebührt.

«König von Helsinki» nannte sich Schatz, ganz unbescheiden. «Es gibt nicht viele Orte auf der Welt, wo man als Deutscher willkommen ist», schrieb er im gleichnamigen Buch. «Finnland gehört auf jeden Fall dazu. Auch hier liebt man uns nicht wirklich. Aber man tritt uns wenigstens mit einer respektvollen Mischung aus Angst, Neid und leichten Minderwertigkeitsgefühlen gegenüber.»

Ich begegnete Roman Schatz auf dem Tähtitorninmäki, dem Sternwartenpark mit Blick über den Hafen. Wir hatten uns an einer Bronzestatue verabredet, die im Meereswind grünlich verwitterte Patina bekam. Sie hieß Haaksirikkoiset und war Schiffbrüchigen gewidmet, doch so recht wollte der Ort nicht zu meinem Gesprächspartner passen. Klassische «Text-Bild-Schere», würden Fernsehleute sagen. Schatz war nicht etwa in Helsinki gestrandet und hoffte nun auf ein rettendes Floß, das niemals erschien. In all den Jahren, die er schon hier lebte, hatte er die finnische Sprache mehr als nur gelernt – er hatte ihr sperriges Vokabular und ihre äußerst widerspenstige Grammatik zu Boden gerungen, gezähmt und sich so gefügig gemacht, dass sie schnurrte. Roman Schatz war der erste Ausländer, der einen finnischen Gedichtband veröffentlichte. Sein Lieblingswort lautete: «Hääyö».

«Hää», sagte er mit so weit aufgerissenem Mund, dass ich seinen Kaugummi zwischen Zunge und Gaumen bewundern konnte. «Yö.»

«Hä?», versuchte ich, den Ausdruck zu wiederholen.

«Hää, die Hochzeit. Yö, die Nacht.»

Seine eigene *Hääyö* war schon ein wenig her. Es hatte Zeiten gegeben, da galt der berühmte Deutsche als Sexsymbol in Finnland. Durch seinen Briefschlitz sei so allerlei Fanpost gefallen, behauptete er. Rosarote, duftende Briefe, in denen Frauen von vierzehn bis siebzig schüchtern anfragten, ob er mit ihnen einen Kaffee trinken wolle. Inzwischen hatte Roman Schatz eine Finnin geheiratet und war stolzer Vater von zwei Kindern. «Von mindestens zwei Kindern», nahm er an. Ob sie nach dem alten finnischen Klischee im Suff gezeugt worden waren? Das behielt er für sich. Das vermeintliche Klischee sei jedoch keins, verriet er mir.

«Weißt du, die Deutschen kriegen es ums Verrecken nicht fertig, sich gehen zu lassen», sagte Schatz. «Das ist für den Deutschen das Schlimmste, sich im Suff zu verlieren. Und die Finnen, die saufen genau zu dem Zweck: um sich endlich mal gründlich wegzuschmeißen.»

«Hat das etwas Therapeutisches?», fragte ich.

«Absolut! Und dasselbe gilt für den Finnischen Tango. Wenn alles gut läuft am Abend, dann ist man bis zum nächsten Morgen überhaupt nicht mehr deprimiert. Nur darum geht es doch bei diesem Tanz, um Sex. Nur um das eine.»

Roman Schatz sah mich mit zweifelnder Miene an.

«Muss man euch Deutschen das wirklich erklären?»

Uns Deutschen? Genug geredet, dachte ich. Es war endlich an der Zeit, den Finnischen Tango zu lernen. Maxim Gorki sagte einmal, man müsse nicht in der Bratpfanne gelegen haben, um über ein Schnitzel zu schreiben. Ich hielt diesen Spruch, mit Verlaub, für *Paskapuhetta*, wie man es in diesem unterkühlten Teil des Kontinents artikulierte, den größten Bullshit aller Zeiten. Zumindest wirkte es ausgesprochen faul. Echte Reporter müssen fühlen, schmecken, riechen, ausprobieren und mit großen Augen staunen. Nicht eingreifen in den Lauf der Dinge, das ist die Kunst. Nicht ständig den Egomanen spielen und zum Kern der eigenen Geschichte werden, um den sich alles dreht, aber zum Protagonisten durchaus. Ein guter Reporter spart mit ausschweifenden Erklärungen. Er nimmt sein Publikum lieber an die Hand, führt es hinter die Kulissen der Welt und lässt es durch seine Augen sehen. Show, don't tell. Darum konnte ich Finnland doch nicht verlassen, ohne den Nationaltanz am eigenen Leib zu erfahren.

Und so kam der Tag, an dem wir in die Kasarmikatu zurückkehrten, jene verschneite Straße, in der sich die

Tanssikoulu Åke Blomqvist befand. Ich hatte meinen lieben ostfriesischen Freund und Reisegefährten selten so schweigsam erlebt. Wir klingelten, latschten ein Surren später reumütig die Stiege hinauf, und er sprach nicht mehr als jene Worte: «Einhundert, zweihundert, dreihundert, vierhundert, fünfhundert.»

Matze fügte noch das Wörtchen «Schweinerei!» hinzu, allerdings nur im Geiste, während er Schein für Schein mit äußerlicher Ruhe auf ein Tischchen legte. Wie sehr es jedoch in seiner Produzentenseele brodelte, war im ganzen Studio zu spüren. Åke Arthur Blomqvist, der Tanzlehrer der Finnen, beobachtete die Szene in Socken. Er saß auf einem Schemel und wartete ohne Regung, bis auch der letzte Hunderter vor ihm lag. Dann strich er das Geld mit einer einzigen Geste ein, ließ es unter dem Revers verschwinden, öffnete eine knisternde schwarze Schachtel und zog seine Schuhe heraus.

Von nun an lief die Zeit. Eine halbe Stunde, mehr blieb uns nicht. Jede weitere Minute mit dem Meister, der lebenden Legende, hätte das Budget unseres Films bei allem, was recht war, endgültig gesprengt. Kamera, Licht, Action! Die Szene begann, während die Gardinen das Winterlicht dämpften, das grell in die Sprossenfenster fiel.

«Langsam, langsam, schnell, schnell», sprach Blomqvist, nur von der Linse und den leeren Stühlen beobachtet, die den Tanzboden umringten. Er griff nach meiner Hand, zog mich an seine Seite und schlurfte Schulter an Schulter mit mir über das Parkett, rechts, links, rechts, links vor den Spiegeln des Studios. So lautet nach Åke Blomqvist der simple Grundschritt des Finnischen Tangos: erst den rechten Fuß vor, dann den linken Fuß vor, den rechten nun in raschem Tempo vor den linken setzen und den linken Fuß beiziehen, so geschwind es geht. «Langsam, langsam, schnell, schnell.»

Schon bald jedoch verfinsterte sich die Miene des Maestros. Er wirkte unzufrieden mit mir. «Warum?», rief er bloß und ahmte in grotesker Weise meine Tanzbewegungen nach. «Warum Sie mache so?» Blomqvist versteifte Arme und Beine, drückte die Knie zu einem «X» zusammen, ließ die Hände an den Gelenken schlaff herunterhängen, und es fehlte bloß, dass mir der ehrenwerte Herr noch die Zunge herausstreckte, während er Frankensteins Monster auf den Brettern seiner Bühne gab. Dazu muss ich gestehen, dass ich seit meiner Kindheit als «Sportgoofy» verschrien bin. Motorik ist, gelinde gesagt, nicht in jeder Lebenssituation mein Freund. Der Grund für mein tänzerisches Versagen im Zweivierteltakt mag auch an meiner inneren Einstellung gelegen haben, der Rebellion, die ich mit Jeans und Sneakern zum Ausdruck brachte. «Schweinerei!», hörte ich Blomqvist toben, und es schien nicht mehr lange zu dauern, bis er mich ein zweites Mal aus seinem Hause warf. «Sie hampel herum! Sie muss mit beide Fuß in dieselbe Richtung gehen! Und warum so steif? Große Schweinerei! Sie wisse was? Sie tanze wie deutsche Soldaten!»

Es war der Moment, als ich es für klug hielt, dem berühmtesten aller finnischen Tanzlehrer eine Frage zu stellen. Eine unverfängliche Interviewfrage zum Warmwerden. Natürlich hätte ich auch hart und politisch nachhaken können: Die jahrelange Kollaboration seiner Heimat mit dem Deutschen Reich wäre ein hübsches Thema für einen Zeitzeugen gewesen, oder nicht? Finnen und

Deutsche waren Waffenbrüder, so schaurig es klingt, vereint im Kampf gegen Stalin, der das Land der tausend Seen überfiel. Unter den Sowjets wurde Finnischer Tango im Geheimen getanzt, so erhielt er der Legende nach seinen traurigen, schweren, tränentiefen Touch.

Ich entschied mich jedoch für eine klassische Frage. Eine, die Åke Blomqvist gewiss schmeicheln würde, so redundant und banal sie auch war:

«Sie tanzen Ihr ... ganzes Leben schon?», stellte ich zögerlich fest, eingeschüchtert von seiner Aura.

Blomqvist nickte bloß.

«Weit über sechzig Jahre», sagte er und sah zu mir auf. Einen Augenblick lang fixierte mich der Grandseigneur mit starrer, ungerührter Miene, ohne jedes Blinzeln, als wolle er mich auf die Probe stellen. Dann wandte er sich vor laufender Kamera von mir ab. Åke Blomqvist räumte das Studioparkett, gehüllt in Schweigen, und betrat gemessenen Schrittes den Flur, wo seine Urkunden hingen und die zahlreichen Trophäen aufgereiht waren, Pokal für Pokal. Dort verschwand er. Elvis verließ das Gebäude. Seien wir ehrlich: Dieser Tanzkurs war tief unter seiner Würde. Meine Tangokünste als unterirdisch zu bezeichnen, wäre noch Schönfärberei gewesen. Ich war der Marianengraben unter den Tänzern dieser Welt. All den Furor darüber konnte ich zwar verstehen, doch es gab da so eine Summe, die mich bewegte. Und wie ich es meinem filmenden Begleiter ansah, wurmte ihn dieser dreistellige Betrag noch umso mehr: fünfhundert Euro. Wir hatten unser wichtigstes journalistisches Credo sausen lassen, die weiße Reporterweste für alle Zeit befleckt und dem guten Mann fünf Hunderter in bar für eine halbe Stunde gezahlt. Schwarz womöglich. Und nun haute er schon nach fünf Minuten ab?

«Freundchen, ich habe deine Seele gekauft», ging es Matze durch den Kopf. Tatsächlich war es so, als könnte ich seine Gedanken lesen und hörte das tief verborgene, teuflische Fernsehproduzenten-Ich in seinem Inneren geifern: «Du gehörst mir, alter Mann. Also tanz, Daddy Cool, tanz!»

Da kehrte der Grandseigneur auf den Bretterboden zurück, als hätten wir ihm ein Stichwort gegeben. Und wie sich zeigte, hielt Åke Blomqvist eine Überraschung für uns bereit. Er führte sie hinter sich her ins Studio: seine Ehefrau.

«Und jetzt mit die junge Leute!», verkündete Åke Blomqvist in lautem, feierlichem Ton, klatschte in die Hände und ließ von irgendwoher Finnischen Tango spielen.

«Ich darf mit Ihrer Frau tanzen?», sagte ich, verblüfft von seiner plötzlichen Freundlichkeit, die er zwar nicht auf mimische, aber doch auf verbale Weise zeigte.

«Ja, ja, ja, natürlich!»

Leena Blomqvist wirkte wahrhaftig jünger als ihr berühmter Gatte. Und umso fröhlicher. Wo er schmollte, schmunzelte sie. Wo er viele Worte verlor, lächelte sie bloß. Wo er sich in Schwarztöne hüllte, gab sie sich farbenfroh und strahlend, in bunt gescheckten Kostüm mit Blumendekor. Ein Detail jedoch schien die beiden äußerlich zu vereinen: die hoch auftoupierte Haartolle, die im Falle von Frau Blomqvist zu einem lockigen Zopf zusammenführte, gehalten von einer Schleife.

«Ich komme Ihrer Frau ganz schön nahe», sagte ich mit etwas sorgenvoller Stimme, als sich Leena Blomqvist zur

Musik in meine Arme legte, die gespreizte Hand auf meinem Rücken, den Kopf auf meiner Schulter, die Wange schweigend an meine geschmiegt.

«Ja, ja, sie muss nahe», antwortete der Meister und schob unsere Hüften noch enger zusammen. «Das ist Finnische Tango!»

Also ließ ich mein Herz auf dem Parkett, so gut ich konnte. Langsam, langsam, schnell, schnell, wie gelernt. Auf diesem Wege kam ich der wohl berühmtesten Tanzlehrergattin des Landes nahe und immer näher, vielleicht jedoch zu nahe.

«Schweinerei!», rief Blomqvist und schaltete die Musik wieder aus. Dann äffte er mich abermals nach – jetzt glich es einer Abrechnung: «Sie mache viel zu lange Schritte! Sie tanze nicht mit die Körper! Ich sage Ihnen, die Frau ist nicht glucklich.»

«Nicht glücklich?»

«Nein! In Finnische Tango es ist so: Mann ist Mann, und Dame ist Dame! Die Frau gibt Mann ihre Körper.»

Blomqvist wandte sich seiner Gattin zu und nahm sie bei den Händen, allerdings mit gleichgültiger Distanz, kraftlos und kalt. Als sei sie nur eine weitere Schülerin in seinem Studio.

«Guck, wenn ich tanze Foxtrott oder Jive, da ist kein Gefuhl bei der Sache.»

Er wiegte sich mit seiner Frau ein paarmal hin und her und drehte sie wie eine Puppe im Kreis herum.

«Aber in Tango ...»

Nun zog er sie an sich.

«In Finnische Tango, da denke ich an die Dame. Ich denke nur an die Dame ...»

Der Grandseigneur lehnte sich geradezu in seine Gemahlin hinein. Er brauchte keine Musik, um zu tanzen, und keinerlei Flügel, um davonzuschweben. Subtil, ohne Gegenwehr, schob er das Knie zwischen ihre Beine, schloss die Lider, atmete aus, voller Grandezza, während er seine Wange an ihre legte, und als gäbe es um das Parkett herum keine Welt mehr, sah ich das ungleiche Paar im Tanz verschmelzen. Åke Blomqvist liebte seine junge Frau vor unseren Augen. Man könnte auch sagen: Schweinerei.

EIN GESCHENK UND SEIN PREIS

Mumbai

Mumbai, hieß es, sei eine Hure von einer Stadt, doch an diesem Morgen wirkte sie makellos. Hinter dem Gateway of India ging eine reine, gleißende Sonne auf, und darunter, auf dem belebten Platz, vermischte sich der Wind des Arabischen Meers mit dem Duft von Patschuli. Da bemerkte ich etwas an meinem Handgelenk – ein weißes Armband, aus Jasminblüten geknüpft, erschienen wie aus dem Nichts.

Nur einen Gedanken später fühlte ich mich schuldig. Zwar ließ sich das Mädchen leicht übersehen, das durch die Scharen der Reisenden tänzelte und ihnen Blumenschmuck über die Hände streifte. Aber war es richtig, dem Kind mit Almosen zu danken?

«No money, Sir», sagte das Mädchen, als es den Geldschein sah, den ich ihm entgegenhielt, und mit schamhaft zu Boden gerichtetem Blick steckte ich die armseligen zehn Rupien wieder ein. Scheine zu zücken, war auf meinen Reisen durch Indien ein zynischer Reflex geworden. Eine schlechte, leider viel zu schnell übernommene Angewohnheit – in einem Land, dessen Bürger, amtlich geschätzt, ein Drittel ihres Lohns für Bakschisch vergeuden müssen. In Kolkata hatte ich einen Museumswächter bezahlt, um eine Eintrittskarte zu bekommen. Aus Bequemlichkeit, denn der übliche Weg über das stets geschlossene Tourist Office erschien mir aussichtslos. In Bangalore hatte ich den Pagen meines Hotels geschmiert, um auf das halbfertige Dach zu gelangen und Bilder der Stadt zu schießen – aus dem siebzehnten Stockwerk ohne Brüstung und Geländer. In Film City wiederum, dem berühmten Studioareal von Mumbai, hatte ich jemanden bestochen, um hinter die Kulissen Bollywoods zu schauen. Von all jenen Sünden wusch ich mich rein, indem ich die Götter bar für ihren Segen entlohnte und Geld an die Kinder in den Straßen verteilte. So lange, bis aus fünf Kindern zehn geworden waren und aus zehn ein Schwarm von zwanzig Kindern, der mich umschwirrte – den großen, weißen, überreichen Mann aus dem Westen.

Dieses Blumenmädchen aber, das jetzt nach meinem Namen fragte, bettelte nicht. Sanya, die Gütige, wie sie sich nannte, hatte mich beschenkt. Und es war, als hätte ich sie mit meinem Geld beleidigt.

«Sir», sagte sie, «Mister Denny, Sir, wenn Sie mir wirklich helfen wollen, dann kaufen Sie mir doch Reis. Oder ein wenig Milch für meine kleine Schwester. Sie ist noch ein Baby, wissen Sie?»

Das fand ich wunderbar.

Sanya deutete auf einen Verkaufsstand aus Brettern und wehendem Tuch. Der Laden wäre wohl nicht meine erste Wahl gewesen, denn wie es schien, wurde dort mit Luft gehandelt. Seine windschiefen Regale waren leer. Weil ich das Mädchen jedoch kein zweites Mal enttäuschen wollte, nickte ich und folgte ihm nach.

«Sie haben nicht etwa Milch?», fragte ich den Händler und wiegte mit meinen Gesten einen unsichtbaren Säugling im Arm. Ich hatte den Satz kaum beendet, da bückte sich der Mann unter den Tresen, bis er kaum mehr zu sehen war. Als der Verkäufer wieder aufrecht stand, hielt er eine Dose in den Händen, eine einzige Dose gefüllt mit Trockenmilch für Neugeborene.

«One thousand rupees», sagte er. «One thousand rupees only.»

«Only?»

Beim Allmächtigen, dachte ich und hoffte auf ein erlösendes Lächeln. Eintausend Rupien. Hunderttausend Paise. Das waren mehr als zehn amerikanische Dollar! Für diese Summe hätte ich wohl in jedem beliebigen Lebensmittelladen des Landes einen ganzen Karton voller Milchdosen bekommen – und noch dazu die Nichte des Ladeninhabers zur Frau.

Davon abgesehen war die Dose verbeult.

«Was ist mit Reis?», fragte ich den Händler, der keine Miene verzog. Jetzt bückte er sich abermals und zauberte ein Säckchen Reis hervor. Ein einziges winziges Pfund, das er auf den Tresen stellte, neben die einzige Milchdose, die er führte.

«One thousand rupees, Sir!», verkündete er in triumphierendem Ton. «One thousand rupees only.»

Ich sah herab zur kleinen Sanya.

«Verzeih mir», flüsterte ich. «Wir kaufen woanders.»

«Warum, Sir, was stimmt denn nicht?»

«Woanders gibt es für diesen Preis ein ganzes Reisfeld.»

«Aber Sir», rief Sanya und stützte ihre Arme in die Seiten. «Sir, das ist der Laden meines Vetters!»

143

Umso schlimmer, fand ich und versuchte, das Mädchen zu beschwichtigen. Ihr Vetter, ihr eigener Blutsverwandter also, wollte sie schröpfen, ausbeuten und über den Ladentisch ziehen. Zumindest hatte der Mann noch nie in seinem Leben von marktorientiertem Produkt- und Preismanagement gehört.

Ich holte einen Schein hervor, wie ich es gewohnt war, und legte ihn neben den nicht mehr ganz so frischen Reis.

«One hundred», sagte ich.

«One thousand!», gab der Vetter zurück und schenkte sich sein nachgeschobenes *Only* dieses Mal.

Also legte ich noch einen zweiten Hunderter auf den Tresen – im Namen des guten Willens, des Karmas wegen und den Kinderaugen zuliebe.

Der Händler schwieg still.

«Sie beleidigen meinen Vetter», sagte Sanya.

«Beleidigen?», antwortete ich und bückte mich zu dem Mädchen herunter. «Warte, wir beide gehen jetzt in ein Geschäft und kaufen dir beides, Milch, Reis, das ganze Sortiment, von allem, so viel du brauchst.»

Ich hörte, wie der Vetter schimpfte.

«Und dazu eine frische Dose Trockenmilch für deinen lieben Verwandten ...», fügte ich hinzu.

Jetzt geiferte auch Sanya.

«Und Kinderspielzeug für das Baby. Wie alt ist es denn?»

Als mich nun beide verfluchten, war es, als würde das weiße Blütenbändchen an meinem Handgelenk welken. Der Qualm der Motorrikschas verräucherte die Meeresbrise wie eh und je, und die Morgensonne, die so strahlend aufgestiegen war, hüllte sich in den alltäglichen Dunst des Molochs.

Mumbai war wieder das, was es war.

Später am Morgen beobachtete ich, wie Sanya, die Gütige, einen anderen Reisenden zu ihrem Vetter lotste. Dieser Mann kaufte die verbeulte Milchdose zum teuren Preis. Und als sich das Mädchen kurz darauf mit dem nächsten Opfer näherte, war dieselbe Dose auf wundersame Weise wieder da.

DER FLUCH DER GIRAFFE

Johannesburg – Windhoek – Swakopmund

Ob ich je ein Hotelzimmer verwüstet habe? Nur ein einziges Mal. Es geschah in Südafrika bei einem Stopover zwischen Madagaskar und Namibia. Ich war müde, genervt und verärgert wegen der verlorenen Stunden. Bei einem Stopover schwebt die Zeit. Die Reise stockt, während die Nacht über das Rollfeld kriecht, und die Seele hängt fest, nicht hier, nicht dort, sondern im tristen Nirgendwo gefangen, jenseits von Savannen, Springböcken und Sonnenuntergängen. In meinem Fall war es eine Dunkelzelle in der Einflugschneise von Johannesburg. Ich bestieg einen Shuttlebus mit abgetönten Scheiben und durchquerte Aerotropolis, das übliche Niemandsland, das Flughäfen säumt. Nach einigen deprimierenden Kilometern endete die Fahrt hinter Gitterzäunen, und statt Afrika zu erleben, saß ich fortan in einem Loch: fensterlos, verraucht und frei von allem, was Freude bereitet hätte. Das Transithotel wurde ohne Zweifel mit Hass geführt.

«Wer hier landet, kommt sowieso nicht wieder», schien das Motto zu lauten, dem das Management zu hundert Prozent folgte. Von den herabrieselnden Schuppen auf dem Kopfkissen bis zu den Haarbüscheln und Fußnagelschnipseln, die ich auf den schäbigen Badezimmerkacheln fand. Wäre ich ein Meister der Schwarzen Magie gewesen, ich hätte eine mächtige Voodoo-Puppe meines Vormieters erschaffen können. Ob es mir auf den Geist ging, dass immerzu der Strom ausfiel? Wer den afrikanischen Kontinent bereist, regt sich irgendwann nicht mehr über solche Wohlstandsprobleme auf. Auch dass es undenkbar war, nach Anbruch der Dunkelheit auf die Straße zu gehen, überraschte mich nicht weiter – wer Jo'burg kennt, befolgt lieber den einheimischen Rat. Dass ich für dieses Vergnügen jedoch nahezu Preise wie in der Schweiz bezahlte, als sei ich ins Beau Rivage eingekehrt, um auf die Glitzerfontäne über dem Genfersee zu schauen – dieser Gedanke weckte den Wunsch in mir, irgendetwas zu zertrümmern.

Ich lag auf dem Bett, lauschte dem Quietschen der Sprungfedermatratze, ließ den Kiefer knacken und überlegte: Sollte ich die Beine des kippelnden Stuhls herausbrechen und in die schimmelnde Tapete bohren? Den verlausten Teppich anzünden? Oder das Waschbecken aus der Wand reißen, jenes mit dem verkrusteten Urinrand um das Abflussloch? Schlussendlich streckte ich den Zeigefinger aus, drückte den Lampenschirm der Funzel auf dem Nachttisch ein und fühlte mich erleichtert. Was haben Sie erwartet? Ich bin nun mal ein braver Junge, und das war meine Rebellion.

Tom hatte es bequemer in seinen vier Wänden. Was Hotels anging, war mein Reisegefährte entweder ein Genie oder vielleicht einfach nur ein typischer Schwabe. Egal, wohin wir flogen, um Filme zu drehen, Tom bediente sich stets derselben Methode. Er schwor auf einen Trick bei der Schlüsselübergabe: Zunächst nahm er das für ihn vorgesehene Zimmer in Augenschein, wie es jeder andere Gast nach dem Einchecken tat. War es schummrig oder von Licht erfüllt? Ragten offene Kabel aus der Wand? Krochen Schaben hinter dem Schminkspiegel hervor? Schlich eine Drachenechse durch die Regendusche unter freiem Himmel? Klaffte ein Loch in der Mauer und gab den Blick auf den belebten Basar oder die Karawane der hupenden Taxis und Busse auf der sechsspurigen Straße frei? Ganz gleich, was er vorfand, ob Himmel oder Hölle, Tom kehrte wenig später an die Rezeption zurück und ließ sich ein neues Zimmer geben.

«Das zweite Zimmer ist immer besser als das erste», sagte er. «Warum sollte ich ein schlechteres Zimmer bekommen, wenn ich mich beschwere?»

Diese Strategie war klug und von weltweitem Erfolg gekrönt, so dreist sie auch schien. Während ich bisweilen in düsteren Verschlägen hauste, von Verkehrslärm, Smog und Schimmelsporen geplagt, freute sich mein reisekundiger Kameramann über etwas Ruhe im Geschäftsviertel von Sydney, einen Ausblick auf die Gipfel von La Paz oder einen luftigen Balkon über den Terrakottadächern von Rom. Wer nichts sagt, ist selber schuld. Genauso war es auch beim Stopover in Südafrika, wo wir irgendetwas mit Reis, Hackfleisch und roter Soße zu uns nahmen, während mir Tom von den Vorzügen seines Zimmers erzählte. Meine Gedanken waren allerdings viel zu sehr auf die Zeit nach dem notgedrungenen Zwischenstopp gerichtet, um ihm aufmerksam zuzuhören. Immer wieder spielte ich innerlich die Szenen durch, die wir im Nachbarland Namibia drehen wollten. Dort, wo die Wüste auf das Meer trifft und schnurrbärtige Mannsbilder mit Pickelhaube ihren kurzen Traum vom «Platz an der Sonne» träumten.

Wir reisten auf den Spuren von Deutsch-Südwestafrika. Bismarcks Sandbüchse, wie es zur Jahrhundertwende hieß, weil es dort nichts als Staub und Geröll zu geben schien und die Gleise der Eisenbahn immerzu unter den wandernden Dünen versanken. Die Kolonie am Atlantik galt als ungeliebtes Kind, bis ein Bahnmeister einen glitzernden Stein entlang der Schienen entdeckte und einen Diamantenrausch entfachte. Dass unsere preußischen Vorväter nicht nur zum Spaten, sondern auch zu den Gewehren griffen, ist eines der dunkelsten Kapitel der deutschen Geschichte. Und so hofften wir, die Oberhäupter der Herero und Nama für unseren Film zu gewinnen. Wer könnte eindringlicher von den damaligen Gräueln erzählen als diejenigen, deren Völker beinahe ausgelöscht worden waren, und zugleich vom traditionellen Leben in Hitze und Trockenheit berichten? Dieser Wunsch sollte sich wenige Tage später im Namib-Naukluft-Park erfüllen. Dort, wo die Topnaar wohnen, der einzige Clan der Nama, der in Afrikas größtem Nationalpark geduldet ist und der ewigen Sonne in Hütten aus Wellblech trotzt. «Wie überleben Sie in der Wüste?», fragte ich einen Stammesführer, von Ziegen, verdorrten Bäumen und vollkommener Stille umgeben, und er antwortete mit einem Satz, den ich niemals vergessen werde: «Wie überleben Sie in der Stadt?»

An jenem Abend im Transithotel jedoch, bei einem undefinierbaren Eintopf aus der cuisine de l'hôtel, kreiste noch eine weitere Szene in meinem Kopf. Ich hatte mich so in sie verliebt, dass sie längst zur Obsession geworden war, und Tom wusste, was das zu bedeuten hatte. Jeder Filmemacher braucht sein Fitzcarraldo-Projekt, ein irrsinniges Unterfangen, das von Anfang an zum Scheitern verurteilt ist, und dies war meines: Ich wollte einen Chor in die namibische Wüste stellen. Einen schunkelnden Shantychor im Wellenmeer der Dünen, der seine Seemannslieder auf dem Trockenen singt. Warum? Weil die Idee fast so absurd war wie der Gedanke, ein Dampfschiff über einen Berg im Amazonasdschungel zu ziehen.

Die gute Nachricht: In Swakopmund an der Skelettküste gab es nicht nur einen rot und weiß geringelten Leuchtturm, einen Biergarten, ein «Café Anton» und ein Brauhaus, in dem Schnitzel und Sauerkraut auf der Speisekarte standen. Auch ein Männergesangverein, der die afrikanischen Weiten seit hundert Jahren mit deutschem Liedgut beschallte, war in der alten Kolonialstadt zu finden. Die schlechte: Die werten Herren ahnten nicht, dass wir kamen – und obendrein hatten wir uns während des Stopovers in Südafrika böse den Magen verdorben.

Die Misere machte sich nach der Landung in Namibia bemerkbar, irgendwo auf einer schnurgeraden Wüstenpiste zwischen Windhoek und Swakopmund. Sandschleier wehten über die Straße, als wir den gemieteten Wagen an die Seite lenkten und auf Splitt und Schotter ausrollen ließen.

«Verflucht», sagte Tom, der sich hinter dem Steuer krümmte, als müsste er sterben. «Ist dir auch so elend?»

«Die haben uns vergiftet», erwiderte ich mit gequälter Stimme und wischte mir den Schweiß von der Stirn. «Das Hotel hat uns was ins Essen gemischt.»

Oder lag es am Biltong? Das gepökelte Trockenfleisch,

das wir als Wegzehrung für die stundenlange Fahrt durch die Wildnis gekauft hatten, wurde für gewöhnlich aus Rind, Kudu oder Gämsbock hergestellt, doch gelegentlich mischte die Fleischmafia auch Pferd, Zebra und Giraffe unter. Was auch immer in den Schlingen unserer Gedärme brannte, wir schafften es gerade noch nach Swakopmund, bevor die Situation vollends eskalierte. Es wäre würdelos, näher auf die Details der folgenden Stunden einzugehen, und wenig appetitlich noch dazu. Nur eines sei erwähnt: So krank mein schwäbischer Reisegefährte auch war, es gelang ihm wie immer, ein akkurates Hotelzimmer zu ergattern. Diesmal sogar eine Honeymoonsuite mit bodentiefen Panoramafenstern, die über den brandenden Ozean blickten. Allerdings residierte er dort nicht allein. Tom bekam einen Mitbewohner, für den es kein separates Zimmer mehr gab: mich. Zum ersten und einzigen Mal mussten wir uns eine Bleibe teilen – und damit auch das Bad.

Wenn unser namibisches Abenteuer eine Heldenreise war, dann war diese Nacht die Katharsis, der ultimative Moment der Läuterung und Reinigung. Während Zebra- und Giraffenlaute aus der Nasszelle drangen, schworen wir all unseren Sünden ab, nie wieder Fleisch, nie wieder Hotelmobiliar demolieren, nie mehr undankbar sein – egal wie mühevoll uns das Leben aus dem Koffer manchmal erschien. Der Fluch der Giraffe aber ließ nicht nach. Als sich die Sonne über den Dünen erhob und die See zum Leuchten brachte, gewannen unsere Gesichter noch immer keine Farbe zurück, und so blieb es, bis das Licht senkrecht auf die Wellen fiel und allmählich wieder verblasste. Schließlich machten wir uns bleich und von

Krämpfen geschüttelt zum Männergesangverein auf, der nur einmal die Woche zusammenkam, um zu proben.

Ich weiß noch, wie verwirrt ich an jenem Tag der Reise war, nicht bloß vor Übelkeit, Schwindel und fehlendem Schlaf. Geografisch liegt Swakopmund auf demselben Breitengrad wie Rio de Janeiro, architektonisch gleicht es jedoch eher dem Seebad Travemünde – von den Flamingos an der Waterkant abgesehen. Zwischen wilhelminischen Giebeln, Fachwerk und Jugendstilfassaden, der «Bismarckstraße», dem «Alten Amtsgericht» und dem «Prinzessin-Rupprecht-Heim», einem ehemaligen Lazarett für die kaiserlichen Soldaten, befand sich ein heimeliges Gemeindehaus. Vielleicht war ich naiv, aber irgendwie erinnerte es mich an «Danz op de Deel», Krabbenpulen und Urlaube mit den Großeltern an der See. Den Männern, die sich dort mit Schiffermützen und meerblauen Hemden versammelten, gingen jedoch andere Gedanken durch den Kopf.

«Verzieht euch!», knurrte der Kahle am Akkordeon, als wir den holzgetäfelten Saal mit der Kamera betraten.

«Jawoll!», rief ein anderer mit einem Seewolfbart. «Ihr wollt doch nur wieder die alte Nazigeschichte machen.»

Und was soll ich sagen? Die aufgebrachten Herren mit den deutschen Wurzeln hatten völlig recht. Normalerweise wollte ich immer die alte Nazigeschichte machen. Man hätte mich sogar Nazijäger nennen können. Mit Tom an meiner Seite hatte ich Nazis in den argentinischen Anden aufgespürt, Nazis in den Wäldern von Missouri geärgert und Nazis in Warschau an der Nase herumgeführt, die lieber in Ruhe die nationale Revolution vorangetrieben hätten. Nicht zuletzt wurden uns als Deutsche auf Reisen immer wieder zweifelhafte Nazikomplimente zuteil, von «Germany? I am a big fan of Hitler!» bis «Guys, you'd look great in an SS uniform!». Diesmal aber waren wir wirklich nur im Geiste Werner Herzogs unterwegs. Wir wollten einen Seemannschor in die Wüste stellen.

«Blablabla», sagte der Beleibteste von allen und lachte so auf, dass seine Wampe bedenklich über seinen aberwitzig kurzen Beinen zu schaukeln begann. Hätte er die Arme dabei nicht in die Hüften gestützt, er wäre wohl vorneüber auf den Dielenboden gekippt. «Wisst ihr was? Denselben Quatsch erzählen alle Pressegeier, die hier einfliegen: atemberaubende Bilder, majestätische Dünen, völlig neuer Blick auf ein Land mit deutscher Vergangenheit. Und am Ende bringen sie wieder die alte Nazigeschichte.»

«Nein, nein, nein», widersprach ich und versuchte, meine Fitzcarraldo-Idee in Worte zu fassen, was mir nur leidlich gelang, weil nun mal Giraffenfleisch in meinen Eingeweiden gärte. Außerdem gibt es einen Grund dafür, weshalb Kunst im Auge des Betrachters liegt. Jede Einzelheit zu sezieren, raubt ihr den Zauber. Und warum überhaupt Nazis? Diese Frage ging mir während meines Erklärungsversuchs durch den Kopf. Immerhin endete die unrühmliche Geschichte von Deutsch-Südwestafrika schon mit dem Ersten Weltkrieg.

«Sie machen Nazis aus uns, weil wir die Herero totgeschossen haben!», krächzte der älteste, kleinste und hagerste Sänger, dessen Hosenbund weit über den Nabel reichte. «Wir haben die Herero aber nicht totgeschossen.»

«Ganz recht, mein Herr, das waren nicht Sie, sondern Ihre geschätzten Großväter und Urgroßväter», dachte ich mir und behielt den Satz besser für mich, während Tom höflichst um Entschuldigung bat – er musste sich auf dem Parkplatz hinter das Auto übergeben. Nein, es schien einfach der falsche Augenblick zu sein, um über Schuld und Sühne zu diskutieren. Selbst die Bundesrepublik tat sich zu jener Zeit noch immer schwer, das kaltblütig geplante Massaker an den Herero und Nama als Völkermord anzuerkennen. Und noch einmal: Ich wollte doch gar nicht die alte Nazigeschichte machen, sondern nur einen Shantychor in der Wüste singen lassen.

«Also gut», hob der Älteste an, nachdem sich die Herren für eine Weile beraten hatten. «Wenn Sie wirklich nicht die alte Nazigeschichte wollen, dann beweisen Sie es, junger Mann. Sie und Ihr Kameramann hören sich jetzt erst mal in Ruhe die Chorprobe an. Und danach reden wir weiter.»

Welche Qualen uns der Gesangverein damit auferlegte, ahnte keiner der Männer aus Swakopmund. Und ich spreche nicht von der Musik, zumindest noch nicht. Als wir zusammen Platz vor der erhöhten Bühne des Gemeindehauses nahmen, nur Tom und ich, hatten wir eine Nacht lang unser Innerstes nach außen gekehrt. Und so rutschten wir auf den hölzernen Stühlen herum und lauschten dem Gesang – schnaufend, fiebernd, von Schauern geschüttelt. Das «Gorch-Fock-Lied» brachten wir noch halbwegs mit Anstand hinter uns, «Die Gedanken sind frei» erwies sich sogar als überraschender Genuss, die parodistische Nummer «Die Getränke sind frei» nicht mehr ganz so sehr. Bei «Hundert Mann und ein Befehl» mussten wir uns das eine oder andere Lüftchen verkneifen, und als wären wir mit unseren brennenden Eingeweiden nicht genug gestraft, erklang nach einer Weile ein ganz besonderer Schlager: «Hart wie Kameldornholz ist unser Land und trocken sind seine Riviere. Die Klippen, sie sind von der Sonne verbrannt, und scheu sind im Busche die Tiere. Und sollte man uns fragen: Was hält euch denn hier fest? Wir könnten nur sagen: Wir lieben Südwest!»

Es war der Moment, als mein Reisegefährte ein zweites Mal den Saal verließ. Tom beteuerte zwar, er müsse einen Reifen wechseln, weil wir über Kameldorn oder etwas anderes Hartes auf den Schotterpisten der Skelettküste gerollt seien, aber ich ahnte schon, was er da draußen trieb. Die Männer, die unter keinen Umständen als Nazis gelten wollten, sangen das Südwesterlied von 1937. Ein Stück, das in seiner Melodie auf schauerliche Art und Weise dem Panzerlied der Wehrmacht ähnelt. Es ist nicht verboten, weder in Deutschland noch anderswo auf der Welt. Heino, die selbst ernannte «Stimme der Heimat», hatte es sogar Anfang der Achtzigerjahre auf seinen vaterländischen Schallplatten veröffentlicht, und bis heute gilt es als Hymne des Deutschen Pfadfinderbundes in Namibia. Dennoch wirkte es sturköpfig und geschichtsvergessen, das alte Loblied auf Südwest zu schmettern. Die Musik verschlimmerte mein Magendrücken genauso wie meine Bedenken. Sollte ich vielleicht doch die alte Nazigeschichte machen?

Wie sich zeigte, hatte der Chor auch das hebräische «Hava Nagila» im Repertoire, was mich etwas beschwichtigte. Außerdem waren die Sänger einfach urkomisch anzuschauen in ihrer schunkelnden Formation aus baumlangen Kerlen und gedrungenen Knuddelbären, der eine knochig, der andere kugelrund. Egal wie barsch und raubeinig sich die Männer auch gaben, sie waren mir in gewissem Sinne nahe. Ich mochte sie einfach mit ihren verstaubten Sandalen und Socken, ihren Bollerhosen in Seniorenbeige, den gischtweißen Haaren und buschigen Augenbrauen, den übergroßen Ohren und der gegerbten Haut. Sie waren Retro, Vintage, lebendige Nostalgie im besten wie im schlechtesten Sinne. Der Schnodderton, den sie pflegten, war mir nur allzu gut aus norddeutschen Dörfern vertraut, ihre Piefigkeit und Prinzipienreiterei kannte ich von Schützenfesten früherer Zeit, und der seltsame Trotz, mit dem sie in Bismarcks alter Sandbüchse auszuharren schienen, ließ mich schmunzelnd an Hatari und Hardy Krüger denken. Dazu passten die Westen und Hüte, die manche Sänger in der zweiten Stunde der Chorprobe trugen. Sie begann mit einem schmissigen «Heia Safari», mündete in «The Old Kalahari» und fand ihren Höhepunkt mit den Versen: «Oh, we're off to see the Wild West Show, the elephant and the kangoroo-hoo-hoo-hoo.»

Nun, es war nicht meine Musik, aber meine Großeltern – Gott hab sie selig – wären durchaus angetan gewesen. Einer der Männer wirkte dennoch unzufrieden, was entweder an der Sangesleistung oder der Saaltechnik lag. «Nichts funktioniert in diesem Affenland!», schimpfte er und sorgte für einen kühlen Augenblick der Stille, während er gestikulierend den Saal verließ und in seinem elfenbeinweißen Golf I verschwand. Ein Autotyp, der hierzulande noch immer vom Band lief, zwar ohne Airbags und ABS, aber dafür mit Choke unter dem Lenkrad. Das Auslaufmodell war ein Sinnbild für die schwindende Gemeinde in Swakopmund. Die letzten Kolonisten, die sich offenbar weder als Deutsche noch als Namibier fühlten, machten nur noch ein Prozent der Bevölkerung aus. Sie klammerten sich an den zweifelhaften Glanz vergangener Tage, während die alten Straßenschilder nach und nach abgeschraubt und die deutschen Namen durch namibische ersetzt wurden. Die stimmgewaltigen Männer auf der Bühne mochten hart wie Kameldornholz sein, aber sie waren auch weich wie Savannengras, wie sich im letzten Akt erwies. Mit «Rolling Home», «Nehmt Abschied, Brüder» und der Nationalhymne der Republik Namibia nahm die epische Chorprobe ein versöhnliches Ende.

«Und?», krächzte der Älteste nach geschlagenen drei Stunden und zog seinen Hosenbund zurecht. «Hat's den Herren ein bisschen gefallen?»

«Gar nicht so übel, wie ihr gedacht habt, was, Jungs?», brummte der Bärtige.

«Na, siehste wohl!», sagte der Beleibte und lüftete anerkennend seine Schiffermütze, als er mich nicken sah.

«Soll das heißen, Sie sind mit meiner Filmidee einverstanden?», fragte ich.

«Ja, natürlich», sagte er und sah mich an, als hätte er nie etwas anderes behauptet.

Und so kam es, dass ich einen Seemannschor in den roten Dünen von Namibia singen ließ. Hatte ich Nazis in der Wüste gedreht? Wohl eher nicht. Waren es alte weiße Männer? Oh ja, gewiss, vielleicht sogar die ältesten und weißesten, denen ich je auf der Welt begegnet bin. War die Szene so surreal und zauberhaft, wie ich sie mir vorgestellt hatte? Nein, sie war noch viel besser, sie wurde sogar legendär. Auch wenn sie niemand so recht verstand.

DAS SCHIESSENDE KLASSENZIMMER

Sankt Petersburg

Sergej war Soldat. Treu seinem Vaterland ergeben, obwohl er den Kampfanzug längst gegen eine Lederjacke getauscht hatte und nur noch selten zur Kalaschnikow griff. Zu den kahl rasierten Schläfen trug er eine Nackenmähne und eine Tolle, die entfernt an Tyler Durden erinnerte – den neurotischen Faustkämpfer und Seifenkocher aus «Fight Club». Tatsächlich strebte Sergej eine Karriere im Filmgeschäft an, als Stuntman oder Charakterdarsteller, weshalb er einem Interview nicht abgeneigt war. Ich suchte den Kontakt, weil ich so viel Gutes von ihm gehörte hatte. Sergej Garusow, der Krieger mit den kalten Augen, hatte die Kunst des Tötens gelernt und sein Herz auf dem Schlachtfeld gelassen. Neuerdings jedoch kümmerte er sich auf rührende Weise um die russische Jugend, wie zu lesen war. Der Kremlfreund und frühere Elitekämpfer hatte seine Liebe zu Kindern entdeckt.

Wir begegneten uns in Sankt Petersburg. Nicht in der ruhmreichen Eremitage oder unter der großen goldenen Kuppel der Isaakskathedrale. Sergej wählte ein Billardcafé mit abgeklebten Fenstern für unser Treffen, wo er mir von Rauchschwaden umgeben ein Schälchen Borschtsch servieren ließ. Die Rote-Bete-Suppe war nicht als Einladung im klassischen Sinne zu verstehen – sie kostete meinen Gastgeber nur ein Nicken. Neben dem Papst und Kim Kardashian schien Garusow der einzige Mensch auf der Welt zu sein, der nicht zahlen musste, wenn er ein Lokal besuchte. Sergej wurde bezahlt. Statt einer Rechnung erhielt er ein Mäppchen voller Rubelscheine nach dem Mittagessen, die er wenig diskret in seiner Innentasche verstaute. Wie verdiente er seinen Lebensunterhalt nach dem Ausscheiden aus dem Militär?

«Geschäfte», sagte Sergej.

Welche Art von Geschäften?

«Dies und das.»

So lautete seine Antwort, nachdem er sich hinter der hohlen Hand mit seinen beiden Vertrauten beraten hatte. Mit dem Mann, der seinen tiefergelegten Mercedes S-Klasse fuhr, und dem anderen, der während unseres Gesprächs die Eingangstür beobachtete.

Und was ist mit den Kindern?

«Das ist eine Frage der Ehre. Lieber würde ich mir eigenhändig die Kehle durchschneiden, als dafür eine einzige Kopeke zu nehmen.»

Nun herrschte Stille am Tisch. Nur unterbrochen vom dumpfen Klackern der Billardkugeln im Hintergrund und dem unermüdlichen Wummern der Bässe aus den Lautsprechern, die das Etablissement mit Eurotrash beschallten.

«Die Sache ist so», sagte Sergej und fixierte mich. «Ein Mann wird als Krieger geboren. Er bleibt ein Leben lang Soldat. Aber was ist ein Soldat ohne Arbeit? Ich verrate es dir: Er ist ein verdammter Verbrecher. Daher investiere ich meine Zeit in eine wertvolle soziale Aufgabe, die dem

Wohl meiner russischen Heimat dient. Noch eine Suppe, bevor wir gehen?»

Als der Teller leer geschlürft und das Geldbündel sauber abgezählt im Jackenfutter verschwunden war, starteten die Motoren. Stoßstange an Stoßstange machten wir uns auf, um das gemeinnützige Kinderprojekt zu besichtigen. Sergej führte den Konvoi in seinem Mercedes an, während im Windschatten der Limousine mit dem Spoiler und den getönten Scheiben zwei, drei Wagen folgten. In rascher Fahrt bogen sie in eine Siedlung ein, wo endgültig nichts mehr vom Prunk der Zarenstadt an der blauen Newa zu erahnen war, die Romantiker und Reiseführer so gerne mit Venedig vergleichen. Der Wind blies durch die Reihen der Plattenbauten und trug das letzte Laub von den Birken fort. Es wehte auf den Asphalt herab, verfaulte auf dem Dach eines Ladas, der farblos wie die Fassaden wirkte, und bedeckte die Wiese, auf der im Sommer die Nachbarskinder spielten. Und an welchem Ort vertrieben sich die Mädchen und Jungen die kälteren Tage?

Mitten im Wohnviertel, wo der Mercedes hielt, stand ein Blechschuppen. Er war grün bemalt, als mühte er sich, unter den lichter werdenden Bäumen unsichtbar zu bleiben. Sergej Garusow entriegelte ein stählernes Vorhängeschloss. «Nach dir», raunte er und öffnete die Tür zum Patriotischen Club, wie er den Verschlag auf dem regennassen Parkplatz nannte. Dahinter kam ein Schild zum Vorschein: «Halt! Hier wird geschossen!» Als ich ins Dunkel trat, legte Garusow einen Schalter um, und eine einzelne, nackt von der Decke baumelnde Glühlampe flackerte auf. Es dauerte, bis sich meine Augen an das grelle Licht gewöhnten, das die Hütte urplötzlich erhellte. Dann sah ich Feldflaschen, Ferngläser, Rucksäcke, Dienstbücher, Handschuhe, Helme, Stiefel, Soldatenmesser, Schutzwesten, Kampfjacken, Fliegeroveralls. Jede Wand war vom Boden bis zur Decke mit Tarnnetzen überzogen, nur die bunten Wimpel und Standarten durchbrachen die Camouflage.

«Das ist unser legendäres Banner.»

Sergej entrollte eine Fahne, die so lange im Wind geflattert haben musste, dass ihre Ränder in Fransen hingen. Sie war blau wie der Himmel und zeigte zwei leuchtend gelbe, steil aufsteigende Militärflugzeuge. Im Zentrum der Soldatenflagge prangte ein Fallschirm in Weiß.

«Fünfhundert – eins!», hörte ich Sergej rufen. «Fünfhundert – zwei! Fünfhundert – drei!»

Der frühere Elitekrieger stand geduckt, die Arme eng angelegt, um den Luftwiderstand zu reduzieren. Als sei er gerade über feindlichem Territorium abgesprungen, zählte er die Sekunden im freien Fall. So wie es in Luftlandedivisionen üblich ist, wenn sich ein Mann nach dem anderen aus der Luke einer Transportmaschine stürzt. Er legte die rechte Faust auf die linke Schulter und ergriff den imaginären Ring einer Reißleine.

«Ziehen!»

Ein plötzlicher Ruck erfasste seinen Körper.

«Fünfhundert – vier! Fünfhundert – fünf!»

Sergej warf den Kopf in den Nacken und blickte an die Decke des Schuppens.

«Kuppel!»

Mit hocherhobenen Armen deutete er an, wie sich ein Schirm über ihm entfaltete.

«Jetzt das Maschinengewehr!»

Sergej griff beidhändig unter seine Lederjacke und schien etwas Sperriges darunter hervorzuholen.

«Durchladen! Schießen! Vom Himmel in den Kampf!»

Und schon mähte er im Gleitflug alles nieder, was sich unter seinen Füßen regte, Salve um Salve, Schuss um Schuss, während seine Augen ungerührt ins Leere starrten. Mit den Gedanken war der Fallschirmjäger wieder zurück an der Front. Man musste kein Psychologe sein, um das zu erkennen, und gewiss erlebten viele Ex-Soldaten dasselbe, wenn sie im Patriotischen Club auf dem Parkplatz zusammenkamen. Garusow leitete die Gesellschaft der Veteranen des 104. Fallschirmjäger- und Luftlanderegiments. Ehrenamtlich, betonte er. Aber wie kindgerecht war dieser Ort? Sergej öffnete eine Spielzeugtruhe. Sie lagerte unter Netzen verborgen zwischen all den militärischen Devotionalien. Genauer gesagt, handelte es sich um eine Truppenkiste, die von zwei Soldaten über das Feld getragen werden konnte.

«Munition», sagte der Freund der Jugend und wühlte in der Truhe voller kleiner, größerer und gewaltiger Patronenhülsen herum, dass es nur so klirrte. Wäre Sergej zu einem Lächeln fähig gewesen, er hätte mir wohl in dieser Sekunde eines geschenkt.

«Die haben wir verschossen.»

«Mit den Kindern?», fragte ich.

«Nur zum Üben. Fass mit an!»

Unter der ersten Soldatenkiste, die wir nun gemeinsam herunterhievten, verbarg sich noch eine zweite. Garusow lüftete den Deckel, und eine Reihe langer, zylindrischer, kakifarbener Kanonenrohre kam ans Licht.

«Wow!», sagte ich zu mir selbst. Allerdings so laut und

deutlich, dass es für jeden der Männer im Patriotischen Club zu hören war. Ich muss wie ein beeindruckter Teenager geklungen haben.

«Sind das Raketenwerfer?», fragte ich.

«Panzerfäuste. Die hält man so ...»

Meine unbedachte Äußerung schien Sergej zu ermutigen. Als wäre es die normalste Sache der Welt, griff er zu einer der panzerbrechenden Waffen, kniete sich auf den Boden und klappte das Visier hoch.

«Hier oben ist der Auslöser. Vergiss nicht, den Mund aufzumachen, wenn du feuerst.»

Dann legte er mir das Kanonenrohr auf die Schulter, und ich blickte voller Verwirrung durch den Sucher.

«Ist das legal?»

Ehe Sergej auf meine Frage antwortete, vertiefte er sich abermals ins Zwiegespräch mit seinen Begleitern.

«Die Waffen sind für den Club», sagte er wenig später. «Die Armee stellt sie uns großzügigerweise zur Verfügung. Sie sind entschärft, siehst du, hier?»

Um ehrlich zu sein, ich sah nichts. Ich bin kein Sachverständiger, der einschätzen kann, ob eine Panzerfaust ordnungsgemäß unbrauchbar gemacht worden ist – oder ob sie mit wenigen Handgriffen wieder funktionsfähig werden könnte. Aber ich bin Journalist, und als solcher wusste ich bereits, was in dem patriotischen Kinderclub vor sich ging, wenn das Wochenende kam. Ein Video war mir zugespielt worden, wie es im Reporterleben manchmal so geschieht. Mir persönlich war der Titel zu martialisch. «Ein Mann sein», lautete er. Etwas poetischer und passender hätte ich «Ihr Kinderlein kommet» gefunden, schließlich traten auch Mädchen darin auf.

Der Film begann mit der Nationalhymne. «Russland, unsere geheiligte Macht, Russland, unser geliebtes Land», sangen Grundschüler, versammelt im Grünen. Wie es schien, waren sie mit Bussen angereist, die abseits des fröhlichen Liederkreises am Waldrand hielten. Die Söhne und Töchter des Landes trugen bonbonrote Barette auf ihren Köpfen und lachten in die Kamera, als hofften sie auf Luftballons, Plüschtiere und Zuckerwatte. Doch statt-dessen näherte sich ein Stoßtrupp mit Kampfmessern und Kalaschnikows: «Gwardija», die Garde. Junge Män-ner im gefleckten Tarn, von Garusow und seinen Club-kameraden für den Militärdienst trainiert. Sie brannten Rauchfackeln ab, während sie marschierten, und führten vor den jubelnden Kindern ihre Kunststücke auf: Schul-terwurf, Schattenboxen, Schläfen mit Gewehrkolben zer-schmettern. So rekrutierten sie die Jugend für den Dienst an der Waffe.

«Die russischen Töchter und Söhne müssen stark sein.»

Diesen Satz ließ Sergej über die Kriegsspiele seines Clubs verlauten, der auch Kindermanöver veranstaltete. Daraufhin stellte ich ihm eine Frage, die kaum an Igno-ranz zu überbieten war. Ob er Patriot sei, wollte ich von ihm wissen, was wohl unter «stating the obvious» fällt: Es war dermaßen offensichtlich, dass es schon körperlich schmerzte.

«Ja.»

Seine Replik war so unmissverständlich wie sein Ge-sichtsausdruck. Garusow sah mich ohne ein Blinzeln an, während sich Sekunden wie Minuten zogen. Endlich rührte er sich wieder und fügte noch etwas hinzu.

«Andere reden nur darüber.»

Er machte eine Pause.

«Ich rede nicht», sagte der Veteran. «Ich handle.»

Was Sergej im Sinn hatte, würde er mir noch zeigen. Doch zuerst war es Zeit für Nikotin. Er sperrte den grünen Schuppen zu, ließ sich in seiner Limousine um die Straßenecke chauffieren und stieg jenseits der Arbeitersiedlung wieder aus dem Wagen. Dort sah ich ihn zu Boden sinken. Wie zum Gebet kniete er nieder und berührte einen Stein, auf dem die Flagge der Fallschirmjäger wehte. Grau und unbehauen ragte der Fels aus dem Boden, übersät mit Patronenhülsen und Soldatenmarken, die ringsum befestigt waren. Garusow zog zwei Zigaretten unter dem Revers hervor. Eine zündete er sich an. Die andere legte er auf einer Gedenktafel nieder, umgeben von Äpfeln und Blumen. Sergej hatte das Denkmal selbst errichten lassen. Es war der sechsten Kompanie gewidmet – seiner Kompanie. Und wer den Patrioten, Krieger und Kinderfreund verstehen wollte, der musste wissen, was seinen Kameraden widerfahren war.

Die Soldaten hatten in Tschetschenien gekämpft. Sie waren zu Volkshelden aufgestiegen – in einem berühmt gewordenen Gefecht, das an die Schlacht der dreihundert Spartiaten bei den Thermopylen erinnerte. Ein Kremlsprecher würde die Geschichte so erzählen:

Wir schreiben das Frühjahr des Millenniums. Die russische Armee wird nach Tschetschenien gerufen, um die Teilrepublik von Chaos, Rebellion und Terror zu befreien. Mit unbeugsamer Entschlossenheit rücken die Streitkräfte nach Grozny vor und setzen sich für die Sicherheit der Zivilbevölkerung ein. Dank ihrer unübertroffenen Schlagkraft gelingt es, die Hauptstadt von den Söldnern, Straßenräubern und fanatischen Kämpfern zu säubern, die nur der Hass auf das russische Vaterland eint. Als der Aggressor die Flucht ergreift, ordnet Moskau die vollständige Neutralisierung der Kräfte des Bösen an.

Nahe der Ortschaft Ulus-Kert kommt es zu einem heftigen Gefecht. Eine Kompanie des Garde-Luftlanderegiments wird aus dem Hinterhalt in Kampfhandlungen verwickelt und beweist außergewöhnliche Tapferkeit. Neunzig Fallschirmjäger stehen einer feigen Horde von zweitausendfünfhundert islamistischen Rebellen und ausländischen Mudschaheddin gegenüber. Unter schwerem Beschuss von Maschinengewehren, Scharfschützen und Panzerfäusten stoßen die Soldaten auf einen Berggipfel vor. Stundenlang behaupten sie ihre Stellung und dezimieren die feindlichen Elemente um viele Hundert Mann. Als Hauptmann Romanow den Ernst der Lage erkennt, setzt er einen letzten Funkspruch ab. Mit höchstem Opfermut, der in die Annalen der russischen Geschichte eingehen wird, fordert er Artilleriefeuer auf die eigene Position an. Seine Worte: «Lebt wohl, Jungs, die Höhe ist von Militanten besetzt. Feuer auf Höhe 776!»

Klingt das nicht nach einem kinoreifen Spektakel? Wer würde da nicht gleich eine Eintrittskarte lösen wollen, um das Drama auf der Leinwand zu erleben? Schon längst kursieren Filme und zahlreiche Lieder und Verse über die ruhmreiche «Schlacht um die Höhe 776». Ein russischer Journalist, der den Funkspruch überprüfte, erzählt die Geschichte jedoch anders. Seinen Recherchen nach wählte der Hauptmann folgende Worte, als er ein letztes Mal zum Funkgerät griff: «Ihr Hornochsen, ihr habt uns verraten, Hurensöhne!»

Was geschah wirklich auf jenem Berg in Tschetscheni-
en? Hatte sich die Kompanie zum Wohle der Heimat in
den Heldentod gestürzt? Oder opferte das Vaterland seine Söhne, um möglichst viele Feinde mitzureißen? Sicher
ist nur, dass die Aktion missglückte. Während die meisten Rebellen rechtzeitig Deckung suchten, kamen von
den Fallschirmjägern nur sechs mit dem Leben davon.
Sergej war nicht darunter. Er befand sich zur gleichen
Zeit in Bosnien-Herzegowina. «Auf Friedensmission», wie
er sagte. Weshalb seine Kameraden ohne ihn in den Krieg
geschickt, eingekesselt und auf jämmerliche Art und Weise zusammengeschossen worden waren? Dieses Detail
der Geschichte beließ er im Dunkeln.

«Fallschirmjäger wissen nicht, was Rückzug ist.»

Mit diesem Satz rühmte Wladimir Putin seine russischen Helden. In der Presse fand der gebürtige Sohn von
Sankt Petersburg die rührigsten Worte, um die sechste Kompanie zu ehren. Voller Pathos trat der Präsident
höchstpersönlich für die Familien der Hinterbliebenen
ein, ließ im ganzen Land der Toten gedenken, und auch
die Überlebenden sollten nur allzu gut von seinem tief
empfundenen Mitgefühl profitieren. Sei es durch Geld,
Gefälligkeiten oder gelegentliche Jobs.

Auch Sergej, der Freund der Kinder?

Garusow schlug vor, eine Schule zu besuchen. Nicht irgendeine gewöhnliche Lehranstalt an den Ausläufern der
Stadt. Der Fallschirmveteran führte mich in das Lyzeum
Nr. 281 des Admiraltejskij-Bezirks. Eine renommierte Se-
kundarschule, die von keinem Geringeren als dem Staats-
präsidenten selbst besucht worden war. Kaum hatten wir
Putins ehemalige Penne betreten, blickte das Abbild des

Kremlchefs in Öl auf uns herab. Sein gütiger Blick schien von einem reinen Herzen zu zeugen. Niemand wird jedoch leugnen, dass Wladimir Wladimirowitsch bereits auf dem Schulhof ein Tyrann gewesen ist. So wusste es seine frühere Lehrerin zu berichten. Der heranwachsende Bursche soll seine Rivalen gekratzt, gebissen und an den Haaren gezogen haben. Man könnte sagen, seine ungewöhnliche Begabung zeigte sich bereits in jungen Jahren, ebenso wie sein Karriereweg, den er noch immer konsequent beschreitet.

Es war Nachmittag. Die Schulglocke läutete, und die Mädchen und Jungen tobten im Neonlicht über die Flure. Manche liefen in die weit ausgebreiteten Arme ihrer Eltern, kehrten heim und genossen es, Kind zu sein. Andere versammelten sich in einem Klassenzimmer, das einer Ruhmeshalle glich. Schlachtengemälde und Herrscherporträts schmückten die Wände, alte weiße Männer aus verschiedenen Epochen, vom Mittelalter über die Sowjetzeit bis hin zur neueren Geschichte. Eine der Malereien zeigte einen modernen russischen Soldaten. Der schneidige junge Mann mit dem blonden Haar ließ sich mit Kampfmessern bewerfen. Fünf Klingen hatten sich bereits rund um seinen kantigen Schädel ins Holz gebohrt, haarscharf am Kopf vorbei, und dennoch blieb sein Blick unerschütterlich nach vorn gerichtet.

Sergej nahm Platz in der ersten Reihe, direkt neben dem Lehrerpult. Wie üblich in seiner Lederkluft, die einen Hauch von Tabak und Schwarzpulver verströmte. Ich zog es vor, mich auf die Lümmelbank zu verziehen. Ganz hinten, an der Wand, wo vielleicht vor vielen Jahren einmal der kleine Putin gehockt und mit Papierkugeln gespuckt hatte. Als der Lehrer den Raum betrat, stand ich gemeinsam mit den Kindern auf. Herr Marderfeld, der die Klasse begrüßte, war ein Oberstudienrat wie gemalt. Von den gewichsten Schuhen bis zur Krawatte im herbstlichen Braun, vom weißen Haarkranz, der ihm geblieben war, bis zur Brille auf der Nasenspitze. Mit fester und zugleich sanfter Stimme sprach er zu den Kindern, so besonnen, dass selbst die turbulentesten Gemüter allmählich zur Ruhe fanden. In den Händen hielt er eine Kalaschnikow.

«Das Maschinengewehr muss stets für den Krieg bereit sein», verkündete der Lehrer und wandte die automatische Waffe behutsam hin und her. «Es bedarf einer speziellen Pflege. Man muss es regelmäßig auseinander- und zusammenbauen. Auseinander und wieder zusammen.»

Mit diesen Worten hieß er die Kinder zum patriotischen Unterricht willkommen. Einer freiwilligen Arbeitsgemeinschaft, die sich Woche für Woche mit den Grundlagen der öffentlichen Sicherheit beschäftigte, wie der Oberstudienrat erklärte. Herr Marderfeld ließ ein kleines Mädchen mit Zopfband vor die Klasse treten, kaum zehn Jahre alt, wie es schien. Er überreichte das Lehrmittel aus Stahl, gab ein Kommando und stoppte die Zeit. Sofort begann die Schülerin mit der Arbeit an der Waffe, riss das Magazin heraus, stellte das Sturmgewehr aufrecht auf die Schulbank, lud es kraftvoll durch und betätigte den Abzug, um sicherzugehen, dass der Patronenlauf leer war. Sie nahm den Staubschutz ab, zog die Rückstoßfeder aus dem Rohr, entfernte Verschluss und Gaskolben, schraubte den Mündungsfeuerdämpfer ab, löste Reinigungsstange, Griffstück und Hinterschaft. Dabei ordnete sie die Einzelteile der Kalaschnikow gewissenhaft auf der Tischplatte an.

Zu viel Sorgfalt für manchen Geschmack. Dem Mädchen unterlief kein einziger Fehler, was sowohl eindrucksvoll als auch erschreckend war. Der Lehrer aber zeigte sich missvergnügt. In der Hitze des Gefechts ist schnelles Handeln gefragt – auch bei der Wartung der Waffe. Der nächste Klassenkamerad machte sich umso energischer ans Werk: Magazin entfernen, durchladen, Sicherheitsschuss, den Staubschutz entnehmen, die Rückstoßfeder ziehen. Mit Verve zerlegte der großgewachsene Junge das Maschinengewehr, dass die Eisenteile nur so auf die Schulbank prasselten. Den Verschluss der Kalaschnikow bekam er jedoch nicht gelöst. Er verhakte sich bei aller Eile. Das verfluchte Ding klemmte fest, egal, wie sehr der Schüler auch daran zerrte und zog.

Nun ja, dachte ich, es ist noch kein Meister vom Himmel gefallen. Wobei: einer schon. Der große Moment war gekommen, in dem Sergej Garusow handeln musste. Er war weder Teil des Kollegiums noch ein Pädagoge im klassischen Sinne. Aber in gewissen Situationen wusste er nun mal, was zu tun war. Statt zu reden, erhob sich der Fallschirmveteran von seinem Stuhl. Er übernahm das Gewehr, schlug ein paarmal mit dem Handballen an die richtige Stelle und löste die Blockade binnen Sekunden. Zu diesem Zweck bestellte ihn die Schulleitung regelmäßig ein, um Lehrern und Kindern bei der Waffenpflege zur Hand zu gehen. Sergej, der Quereinsteiger, wurde sogar für eigene Kurse gebucht, Stunden der Tapferkeit, wie er sie nannte.

«Ein Land wie das unsere kann man nur lieben», sagte der Oberstudienrat und nickte seinem kenntnisreichen Assistenten in Lederjacke zu. «Und wer sein Land liebt, der muss es auch in der Not verteidigen.»

Wie zum Beweis sperrte der Lehrer einen Waffenschrank auf, während seine Schüler eifrig zu basteln begannen. Sie nahmen Wäscheklammern, spannten Schnüre durch den Raum und hängten Papier daran auf, weiße baumelnde Blätter mit Kreisen und Zahlen. Nun wurde ich Zeuge, wie die Kinder auf Scheiben zielten, mit Repetiergewehren, die ich nur vom Rummelplatz kannte. Schießkunst, so lautete die letzte Disziplin des patriotischen Unterrichts. Junge gegen Junge, Mädchen gegen Mädchen, fünf Schuss pro Kopf. Deutschland wird am Hindukusch verteidigt, hieß es einmal – Russland bereits im Klassenzimmer. Als die Flinten verhallten, trat das Mädchen mit dem Zopfband erneut vor ihren Lehrer. Der beugte sich über sein Pult, um die Treffer mit Bleistift zu markieren.

«Heieieiei.»

Oberstudienrat Marderfeld klang skeptisch, während er die Löcher in der Scheibe umkreiste. Dabei hatte doch nur ein einziger Schuss der Schülerin sein Ziel verfehlt.

«Nun», begann er laut zu zählen. «Zwei und vier macht sechs. Wenn wir dann noch mal vier Punkte addieren, haben wir zehn. Dazu noch sieben Punkte, richtig? Auf welches Ergebnis kommen wir also?»

Siebzehn Punkte für das Vaterland. Nicht genug für Wladimir Wladimirowitsch Putin, den berühmten Absolventen der Sankt Petersburger Schule. Und so lässt er wie eh und je Millionensummen in die patriotische Erziehung der russischen Söhne und Töchter fließen. Natürlich nur zur Verteidigung seiner geliebten Heimat, wie sich versteht.

WO GOTT VERSAGT,
IST GIFT GEFRAGT

New York

Hey, bist du okay?» Camacho sah mich an, doch ich konnte seinen Blick nicht halten. «Geht's dir gut, mein Freund? Du wirkst ein wenig blass», hörte ich ihn sagen. Da sackte ich auch schon zusammen, mitten auf das Bett, das zwischen uns stand. Alles um mich herum schien zu verschwimmen. Camacho, sein Buddy Champ, das fremde Schlafzimmer in dem sommerwarmen Apartment an der Lower East Side und das kleine bestickte Kissen auf der Tagesdecke: «Daughters are forever.»

«Forever what?», überlegte ich noch, ehe mir schwarz vor Augen wurde. «Forever chaos? Forever firecrackers? Forever unicorns?» Dass eine Tochter für immer Daddys Girl bleibt, wie das Sprüchlein sagt, während Söhne nur so lange Sohn sind, bis sie ihre eigene Familie gründen und ins Abendrot reiten, hielt ich für ein amerikanisches Märchen. Aber darum ging es überhaupt nicht in dieser Geschichte. Ich war Toast. Hinüber. Zu nichts mehr zu gebrauchen.

«Flieg nach New York, und berichte über die Schlaflosigkeit der Stadtneurotiker», lautete meine Mission, was zuerst nach einer hübschen essayistischen Story für das Feuilleton klang. Ein bisschen Sinatra, ein bisschen Nightlife, dachte ich mir, ein paar spätabendliche Spaziergänge entlang beleuchteter Straßen und schöne Gedanken dazu – bis ich das geplante Datum der Reise erfuhr. Steckte Zufall dahinter, Zynismus oder Kalkül? Mein Auftraggeber wollte mich ausgerechnet am elften September in die Lüfte schicken, exakt eine Dekade nach dem Zusammensturz der zwei Türme. Und bei allem Respekt: Welcher Masochist würde an diesem Tag freiwillig an Bord einer Maschine gehen, nur weil der Flug nach Übersee so viel günstiger war als sonst?

Natürlich hatte ich umgebucht und Termine vorgezogen. Natürlich wurde es teuer, natürlich bekam ich auf die Schnelle nur noch einen Hopplahoppflug nach New York – lang, verspätet und bis auf den letzten Platz krachend voll besetzt, weil natürlich niemand am elften September über die Dächer von Empire City sausen wollte. Sondern am zehnten. Oder am zwölften. Und natürlich fehlten mir die verlorenen Stunden, als ich Camacho und Champ zu einer armen Stadtbewohnerin in Not begleitete. Mein Schlaf-wach-Game war voll am Flackern, würden Jüngere sagen. Der Jetlag hatte mich hart erwischt.

So weit, so konfus.

Konzentrieren wir uns, und beginnen wir langsam von vorn: Camacho war Kammerjäger. Der beste im Big Apple, sagte er über sich selbst. Champ, so hieß der braun-weiß gefleckte American Foxhound an seiner Seite, die beste Spürnase weit und breit, zumindest wenn es um Schädlinge und Parasiten ging. Beide, Camacho und Champ, waren auf der Jagd. Im Namen der «M&M Pest Control», einer aufstrebenden Firma zur Bekämpfung von Ungeziefer, inspizierten sie die Schlafzimmer der Stadt.

«Come on, find your bees!», rief Camacho und hielt seinem vierbeinigen Kollegen eine Geruchsprobe vor die Schnauze, um ihn damit auf die richtige Fährte zu bringen. «Go on, find your bees! Good boy!» Der ließ sich nicht lange bitten. Champ tapste schnüffelnd durch die Singleküche, die gleich hinter der Haustür lag, und huschte geradewegs in den Wohn- und Essbereich hinein. Auch dieser war bald durchstreift, bestand er doch nur aus einer Klappcouch und einem Cafétisch im Lichtspiel einer Discokugel. Im Vorbeigehen prüfte er die lackierten Zehen der Mieterin im Minikleid, die ihn und sein Herrchen herbeigerufen hatte – den Namen darf ich aus Gründen der Diskretion nicht nennen. Dann steckte er auch schon den Kopf unter ihre Tagesdecke. Champ kratzte mit der Pfote an ihrem Bett, fing an zu fiepen und sprang schwanzwedelnd im Kreis.

«There you go. Good boy.»

Camacho belohnte den Hund mit einem Snack.

«You're such a good boy!»

Da knickte ich weg. Es war alles zu viel. Der lange Flug, die kurze Nacht und das enge, überhitzte Schlafzimmer. Selbst die Klimaanlage schien vor dem Sommer zu kapitulieren, der bleiern in den Straßenschluchten stand. Und nun kam auch noch Ungeziefer hinzu, ein Gliederfüßer niederträchtigster Art. Ich dulde Geckos und Eidechsen auf dem Zimmer, auch die größten Exemplare. Mit Moskitos und Sandwespen kann ich durchaus leben, Mäuse sind unter gewissen Umständen noch zu tolerieren, und selbst die betriebsame Rattenstraße, die direkt an meinem Nachtlager in Kolkata entlangführte, nahm ich damals in Kauf. Wenn es jedoch eines gibt, das ich auf Reisen partout nicht leiden mag, dann sind es Kopfläuse, Flöhe, Schaben oder Schlimmeres.

Und so sank ich auf die Matratze nieder. Genau auf jenes Bett, an dem der Spürhund gerade angeschlagen hatte. Gab es eine dümmere Idee? Bei den «bees», die Champ mit seinen feinen Sinnen witterte, handelte es sich nicht etwa um Bienenlarven. Er suchte nach der Geißel der Stadt, einer winzigen, braunen, schlagzeilenträchtigen Kreatur. Sie befiel die Gebäude in Kolonien und ließ ihre lärm- und lichtgeplagten Bewohner noch schlechter schlummern als ohnehin.

«Das ist der wahre Grund, weshalb New York niemals schläft», sagte Camacho, als ich wieder zu mir kam. «Wer Bettwanzen hat, bleibt die ganze Nacht wach.»

Glücklicherweise hatte die treue Tochter des Hauses nicht nur ein Herz für Mom und Dad, sondern auch eines für mich. Während wir so angeregt über Schmarotzertiere sprachen, reichte sie mir kaltes Wasser und ein wenig Schokolade für den Blutzuckerspiegel.

«Weißt du», fuhr Camacho fort und faltete die Hände wie die Jungfrau Maria. «Die Leute sitzen im Mondschein auf ihren Laken und beten zum Himmel: Herr, lass die Biester verschwinden! Aber Gebete helfen nicht gegen Wanzen.»

Er hob den Zeigefinger.

«Pestizide helfen! Eine professionelle Behandlung mit Schädlingsbekämpfungsmitteln.»

«Wo Gott versagt, ist Gift gefragt?»

«Ähm ...»

Meine Bemerkung ließ ihn stutzen.

«Ja, so kann man es sehen», sagte Camacho und lachte höflich auf. Er würde den Vers nicht auf ein Kissen sticken, wette ich. Lieber demonstrierte er mir, weshalb *bedbugs* eine geradezu biblische Plage sind. Camacho griff in seine Cargohose und holte ein Becherglas hervor. Darin hockte eine Wanzenfamilie und fühlte sich vom Leben betrogen, wie es schien. Der Weg in die Freiheit wirkte so nahe, trotzdem gab es kein Entkommen für die Insekten, denn das Gläschen war mit einer Membran überzogen. Sie konnten jedoch ihren Stechrüssel durch die Maschen stoßen.

«Unser Atem zieht die Wanzen an. Wenn du schläfst und Bettwanzen im Zimmer hast, nehmen ihre Antennen den Luftzug wahr. So spüren sie dich auf.»

Camacho hauchte in das Glas hinein, bis es beschlug, und presste es kurzerhand auf seinen Unterarm. Nur einen Augenblick später, als er das Gefäß wieder herunternahm und verschloss, zeigten sich Bissspuren auf seiner Haut. Rötlich, juckend, geschwollen.

«Schau mal!», sagte er und wies auf die Krabbeltiere in ihrem gläsernen Verlies. «Siehst du, wie sie sich jetzt freuen?»

Ich beobachtete das Treiben mit flauem Magen. Zwar hatte ich mich von meinem kleinen Schwächeanfall erholt, so gut es ging, wohl war mir jedoch nicht, als ich die blutberauschten Wesen im fröhlichen Reigen wuseln sah, winzig wie Stecknadelköpfe, flach, oval und Gott sei Dank flügellos. Das waren sie also, die Vampire der Stadt, Dunkelwesen, Nachtbeißer, Blutschleicher auf sechs Beinen. Sie bevölkerten Lichtschalter und Steckdosenlöcher, krochen aus den Hohlräumen, wenn es finster wurde, nahmen ihre menschliche Mahlzeit ein und huschten, ehe der Morgen über der Hudson Bay graute, wieder davon. Allein die schwarzen Punkte, die sie auf Decken, Kissen und Polstern hinterließen, verrieten sie. Ebenso wie ihr penetranter, süßlicher Wanzengeruch, wenn sie bereits zu Hunderten und Tausenden in einer Wohnung nisteten und nur noch ein Umzug nach Brooklyn, Queens oder besser gleich über die Grenze nach Kanada half. Aber nicht selten reisten die lästigen Untermieter mit, in Koffern, Sesselritzen und Knöpfen versteckt. Flohmärkte wie der DUMBO unter der Manhattan Bridge waren Biotope für sie, und gesellige Städter, die freudig die Lotterbetten wechselten, der perfekte Wirt. Glaubte man den Schlagzeilen der Tabloids, die «Invasion!» schrien, war New York City längst überrannt. Das Ziel der Bettwanzen: Weltherrschaft. Sie hätten sogar schon Chappaqua erstürmt, eine Villengegend in den mondänen Ausläufern der Metropole. Genau dorthin seien die Profis der «M&M Pest Control» vor einiger Zeit gerufen worden, raunte die Gerüchteküche. Und zwar in das berühmte Ranchhouse mit Pool und Pekannussboden, in dem eine ehemalige First Lady residierte.

«Darf ich dich etwas fragen?», sagte ich zu Camacho.

«Sicher.»

Nickend steckte der Kammerjäger das Glas mit den Wanzen wieder ein.

«Schieß los!»

«Ist es wahr, dass du bei Hillary Clinton nach Wanzen gesucht hast?»

Jetzt starrte mich Camacho an – mit großen, runden

Augen über das Bett und das kleine bestickte Kissen hinweg. Gespannt beobachtete ich, wie er den Mund öffnete, um zu sprechen, und kurz darauf ohne ein einziges Wort wieder zufallen ließ. In diesem Stil setzte der Schädlingsbekämpfer mehrmals zu einer Antwort an. Er schien nicht das Bewusstsein zu verlieren wie ich. Aber es war unverkennbar, wie sehr er sich zügeln musste und mit welcher Freude er doch seinem Redefluss freien Lauf gelassen hätte. Stattdessen grinste er bloß und brach in Gelächter aus, ehe er sich für eine Sekunde fing.

«Ich ... ich kann nicht», flüsterte er.

Camacho presste die Lippen zusammen. Röte schlich sich auf seine Wangen, und ich genoss das herrliche Mienenspiel, den Tanz der Brauen, die Lachfalten, die keiner Worte bedurften, um so viel aus seinem Leben zu erzählen. Schließlich prustete er die angestaute Luft heraus, hielt sich buchstäblich den Bauch und krümmte sich gequält über den befallenen Laken der Klientin – natürlich ohne sie zu berühren.

«Nein, wirklich!», sagte er. Camacho wischte sich eine Träne aus dem Gesicht und legte die Hände abermals wie zum Gebet zusammen. «Sorry, Kumpel, aber ich darf dazu einfach nichts rauslassen, verstehst du?»

Schon gut, dachte ich und zog die Frage wieder zurück. Wenn das Gerücht jedoch stimmt, wissen wir ja, welcher Womanizer die Wanzen dort eingeschleppt hat.

DAS KLOSTER DER KASSIERER

Andalusien

Señor Diego war kein Heiliger. Er rauchte zu viel. Und rauchte er nicht, dann kaute er auf einem Zahnstocher herum, der aus seinem Mundwinkel ragte. Sein Rosenkranz war eine Rolex, seine Bibel ein Kassenbuch, statt einer kreisrunden Tonsur kämmte er das ölig glänzende Haar in den Nacken. Er trug die Kluft eines Bettelordens, die ihm bis zu den Lackschuhen reichte und seinen Maßanzug verhüllte, aber ein Gelübde hatte er nicht abgelegt. Für ein freiwilliges Leben in Armut war er genauso wenig geschaffen wie für das Zölibat.

«Eine Kutte macht noch keinen Mönch», sagte er und holte einen schwarzen Geldkoffer unter seinem Schreibtisch hervor. «Gehen wir an die Arbeit.»

Juan José de Diego verstand die Kunst zu predigen, sie gehörte zu seinem Geschäft. Wenn er jedoch einem Sünder die Leviten las, dann stets mit kühler, gefasster Stimme. Sein Job war riskant, und wer seine Gefühle bändigte, wurde seltener in Prügeleien und Messerkämpfe verwickelt oder mit der Schrotflinte bedroht. Weil er nie wissen konnte, was auf seiner Mission geschah, umgab er sich mit zwei Geistesbrüdern, die er für ihren Beistand bezahlte. Das Narbengesicht redete nicht gern. Der hochgewachsene Kahlkopf, der die Hände eines Schlachters besaß, schon mehr.

«Sind Sie im Namen des Herrn unterwegs?», fragte ich ihn, während er in seine braune Ordensrobe schlüpfte. Dann zog er die weiße Kordel um seine Hüften mit einem Kapuzinerknoten fest. Nur Schlips und Kragen schauten noch aus dem Gewand heraus.

«Von wem sprichst du?»

Er sah mich an.

«Ich meine Gott.»

«Mit dem haben wir nichts zu schaffen», brummte der Kahle und folgte den anderen Klosterbrüdern in einen Fahrstuhl, der hinab in die Tiefe fuhr. «Eher mit dem Teufel.»

Ein Hauch von Tabak und toter Luft begleitete die Mönche, als sie das Büro im Hafen von Málaga verließen. Sie hatten nicht den besten Ruf an der Costa del Sol. Männer wie sie waren nirgends willkommen, weder hier noch an einem anderen Ort in Andalusien, wo selbst die Taubenschwärme das Ave-Maria gurrten. So mancher Kleriker wandelte im Schatten, vertieft in Stille und Kontemplation, nicht aber Señor Diego. Er suchte das Licht und genoss jeden bösen Blick, während er mit seinen Brüdern durch die Altstadt zog.

«Hast du den Pfaffen gesehen, der an uns vorbeigelatscht ist?», sagte er und spuckte aus. «Scheiße, wie der mich angeglotzt hat! Als wollte er mich verfluchen.»

Señor Diego hätte einen diskreteren Weg wählen können, schummrige Gassen gab es genug. Seine Prozession durch das historische Viertel war reine Provokation. Mit Genugtuung führte er mir vor, wie viel Aufsehen seine

Leute erregten, wenn sie sich öffentlich in ihren Kostümen zeigten. Seite an Seite marschierten sie die Calle Larios entlang, den Prachtboulevard, gesäumt von Laternen, Boutiquen und Cafés. An anderen Tagen wie in der Karwoche vor dem Osterfest war die Straße so überfüllt, dass kaum mehr ein Fuß neben den anderen passte. Von den Balkonen ertönten Klagelieder, Kerzen flackerten, der Klang von Trompeten und Trommelschlägen war bis in die Stadtpaläste zu hören, wenn die echten Büßer kamen, schweigend, mit ihren bunten Spitzhauben und Kutten. Dann jubelten Tausende den Capuchones zu, die Kreuze trugen und mit vereinten Kräften tonnenschwere Sänften schulterten, auf denen Heiligenfiguren thronten.

Die falschen Mönche ernteten dagegen Schimpf und Schande. Mit ihrem ketzerischen Aufzug entweihten sie den Marmorboden, in dem sich die Fensterläden der Jugendstilhäuser spiegelten. Manch ein Malagueño erhob drohend die Faust, während hier und da Touristen stehen blieben, um Fotos zu schießen. Sie dachten wohl, die Ordensleute spazierten zur Kathedrale. Das wahre Ziel war der Parkplatz, wo ihr Firmenwagen hielt. Auf der Fahrertür stand der Name der Bruderschaft geschrieben: «El Monasterio del Cobro», das Kloster der Kassierer.

«Hör zu», sagte Señor Diego und aschte aus dem Autofenster, während wir die Stadt verließen und nach Süden fuhren. «Früher haben die spanischen Mönche die Steuern einkassiert. Ich spreche vom *diezmo*, dem verdammten Zehnt für den König, klar? Deshalb ziehen wir Kutten an, wenn wir die Forderungen unserer Klienten eintreiben. Das ist nur unsere Dienstuniform, nicht mehr, aber mit den Typen, denen wir auf die Füße treten, läuft es seit dem Mittelalter gleich: Die einen können nicht zahlen, die anderen wollen nicht zahlen.»

An diesem Morgen machten sich die Cobradores zu einem Schuldner auf, der eindeutig in die zweite Kategorie fiel. Tagsüber verbesserte er sein Handicap, wie es hieß, nachts begoss er sich im Palladium, im Tiffany's oder im Pink Elephant nahe der Strandpromenade. Der Reporter, der für ein Sportmagazin schrieb, lebte in Torremolinos. Ein touristischer Sündenpfuhl der Nachtclubs und Schlafklötze, wo mehr Beton als Sand zu finden war – und gelegentlich ein Grün.

«Der Kerl richtet Golfturniere aus», sagte Señor Diego und stellte den Wagen in einer gutbürgerlichen Nachbarschaft ab. «Er mietet die Plätze, lässt Hummer und Champagner kommen, macht alle Deals und streicht die Kohle ein, okay? Aber er zahlt niemandem etwas zurück, absolut niemandem.»

«Wie hoch sind denn seine Schulden?», fragte ich. Der Geldeintreiber trat seine Zigarette aus und zog eine prall gefüllte Akte unter der Kutte hervor.

«Schau hier, das ist sein letzter Schuldschein, den hat er unterzeichnet. Damals ging es noch um dreitausend Euro, jetzt steckt er schon mit vierunddreißigtausend in den Miesen. Wir haben ihn angerufen, wir haben Briefe geschickt, wir haben den Knaben besucht, ganz höflich, mit Anzug und Krawatte, wie es sich gehört, okay? Und wenn das alles nichts hilft, kommen wir eben als Mönche vorbei und nehmen ihn ins Gebet.»

Der säumige Sportreporter war in einem Mietshaus gemeldet. Ausgerechnet die Nummer dreizehn prangte auf einer Kachel an der hohen ockerfarbenen Gartenmauer.

Der liebe Gott hat einen seltsamen Sinn für Humor, dachte ich, während die Inkassomönche beharrlich läuteten und an der eisernen Gitterpforte rüttelten.

«Tut sich was am Fenster?»

Señor Diego hob den Kopf und sah hinauf in den ersten Stock, wo der Gesuchte nach Aktenlage zu finden war. Hinter den Gardinen aber regte sich nichts.

«Und was nun?», fragte ich.

«Jetzt gehen wir da rein und klopfen an seine Tür», raunte der Kahle mit den Schlachterhänden.

«Buenos días!»

Señor Diego beugte sich zur Gegensprechanlage. Er hatte nacheinander jeden einzelnen Klingelknopf gedrückt, um sich Einlass zu verschaffen.

«Gott segne Sie, Señora!», sprach er mit Engelsstimme. «Ich bin aus dem Kloster der Kassierer und möchte zu Ihrem Nachbarn. Leider muss ich Ihnen sagen, dass er Schulden hat, gnädige Frau, sogar beträchtliche Schulden, darum würde ich ihm gerne eine Nachricht überbringen, wenn Sie gestatten.»

Schon war der Summer zu hören, und die falschen Mönche traten ein. Señor Diego verheimlichte nichts. Ungeniert nannte er den vollen Namen des Nachbarn und hätte auch mit Vergnügen schmutzige Details offenbart. In seinem Gewerbe ging es nicht um Verschwiegenheit, sondern um Scham. Jeder sollte wissen, dass hier ein Mann lebt, der seine Rechnungen nicht bezahlt. Und so zogen die Brüder stampfend die Treppen hinauf ins erste Geschoss, wo sie schellten, klopften und mit der Faust gegen die Wohnungstür schlugen. Dann kehrte Stille ein. Der Kahle legte das Ohr ans Holz, lauschte und rollte dabei gedankenvoll mit den Augen. War der Schuldner wirklich nicht in seiner Wohnung, oder stellte er sich nur tot?

Die Heimsuchung endete bei den Postkästen.

«Also schön», sagte Señor Diego und holte ein Schriftstück aus seiner Akte. «Da unser Freund nicht öffnet und wir nicht genau wissen, wo er gerade steckt, werden wir ihm noch einen netten Brief hinterlassen. Aber wir bleiben dran. Wir machen das so lange wie nötig. Bis wir uns geeinigt haben wie Männer. Wenn es sein muss, tauchen wir überall auf, wo er sich herumtreibt, auf dem Golfplatz, in den Bars, vor der Schule seiner Kinder, egal. Wir bieten einen Rund-um-die-Uhr-Service an, wenn du verstehst, was ich meine.»

«Ist das erlaubt?»

«Aber sicher.»

Er legte eine Hand aufs Herz.

«Alles nach den Regeln.»

Der Señor sprach die Wahrheit. Während es in Deutschland und seinen Nachbarländern gegen das Gesetz verstieß, einem Schuldner als «schwarzer Schatten» zu folgen, war es in Spanien völlig legal – und so ist es bis heute. Die spanischen Cobradores sind Meister darin, Menschen bloßzustellen und psychologisch zu untergraben. Manche Geldeintreiber treten als Mönche in Erscheinung, andere als Zorro, im Frack oder im Clownskostüm, sie kleiden sich als Toreros mit glänzender Weste und schwarzem Hut oder fahren gleich mit dem Leichenwagen vor wie «La Funeraria del Cobro», das Beerdigungsinstitut der Inkassobeamten.

Señor Diego hatte als Maurer gearbeitet, ehe die Bauindustrie zusammenbrach. Er war Kellner gewesen, bis es der Tourismusbranche an den Kragen ging. Nun wähnte er sich endlich in einem krisensicheren Geschäft, das besonders in schwierigen Zeiten florierte. Und wann lief es in Andalusien schon einmal gut? Als Diener des Himmels machten er und seine Klosterbrüder anderen das Leben zur Hölle, Politikern, Unternehmern, Flamencotänzern, Sängern und Stierkämpfern, wie er mit einem gewissen Stolz behauptete.

«Einmal wollten wir die Schulden in einem Schwulenclub eintreiben», erzählte er auf der Weiterfahrt. «Wir spazierten als Mönche zur Tür rein, und weißt du, was? Die Jungs hielten uns für Stripper.»

Wenig später erreichten wir ein Industriegebiet an den Ausläufern von Málaga. In der Ferne dröhnten schwere Motoren, die Luft war von Schmieröl, Metall und einem Hauch von Nikotin erfüllt. Señor Diego und seine Getreuen standen rauchend im Schatten eines Garagentors und lauerten dem nächsten Sünder auf, irgendwo zwischen den üblichen Autohäusern, Lagerhallen und Logistikzentren.

«Hier wird es ein bisschen Ärger geben», sagte der Señor. «Also halt dich besser im Hintergrund, klar? Der Schuldner betreibt eine chemische Reinigung um die Ecke. Früher hat er mit iberischem Schinken gehandelt, weißt du, mit richtig schönem dunkel marmoriertem Schinken.»

Er achtete auf den Beton.

«Doch was heißt schon gehandelt? Der Mann ist über die Dörfer gefahren, zu den Schweinezüchtern auf den Fincas. Erstklassigen Pata Negra wollte er haben, jede Menge davon, verschiedene Sorten. Und dann? Dann hat er ihn an Bars, Hotels und Cafeterias verscherbelt.

Glaubst du, der Lieferant, den wir vertreten, hat jemals sein Geld gesehen?»

«Ist das nicht ein Fall für die Justiz?», fragte ich.

Er blies den Rauch aus.

«Justiz», seufzte er. «Das Gericht sagt, der Typ ist blank. Er hat alles auf den Namen seiner Ehefrau laufen lassen, der alte Bauerntrick, und jetzt tut er so, als wäre er bankrott. Aber wir wissen, dass es ihm gut geht, okay? Er fährt teure Autos und geht in die besten Restaurants.»

«Und jetzt mischen Sie ihn auf.»

«Nicht doch.»

Der Cobrador hob die Brauen und runzelte die Stirn.

«Bitte, wir sind keine Schläger. Wir kommen lediglich vorbei und sagen: Bezahl!»

Und das taten sie. Die Kassierer verharrten in der Mittagshitze, bis sich der Gesuchte endlich zeigte. In kurzem Hemd spazierte er auf die Straße, zusammen mit zwei Kollegen. Wie es schien, wollten die Männer gerade Siesta halten, als die unheiligen Brüder ihre Botschaft überbrachten. Die Hände vor dem Bauch gefaltet, pilgerten sie den brüchigen Gehsteig entlang und begannen ihre Predigt.

«Freut mich, Sie zu sehen!», sagte Señor Diego mit einem Lächeln in der Stimme, das sich jedoch nicht auf seinem Gesicht widerspiegelte. «Geht es Ihnen gut? Wissen Sie, ich würde gerne ein Wort mit Ihnen wechseln.»

Der Händler blieb stehen, während seine Kollegen eilig das Weite suchten.

«Kommen Sie wegen meines Vaters?», fragte der Mann.

«Nein, Señor, es dreht sich um Sie, einzig und allein um Ihre dreckigen Geschäfte. Sie haben betrogen.»

«Ich habe was?»

Señor Diego schlug eine Akte auf, als würde er ein Gebetsbuch öffnen.

«Schauen Sie, hier steht es schwarz auf weiß. Sie haben Pata Negra gekauft und nicht bezahlt.»

«Gar nichts habe ich gekauft!»

Der vermeintliche Schuldner stützte die Hände in die Seiten. Seine große goldene Uhr blitzte in der Sonne.

«Da reden Sie mit dem Falschen, Señor!»

«Ach ja, tue ich das?»

«Natürlich! Sie müssen mit diesem Mann sprechen, diesem, ähm, wie heißt er noch gleich? Der hat mich neulich angerufen und mir gesagt, dass ...»

«Na schön.»

Señor Diego nahm sich einen Augenblick. Er atmete durch und fuhr dann in gewohnter Ruhe fort.

«Also, was fangen wir mit dir an, mein Freund? Sollen wir dir vierundzwanzig Stunden folgen, willst du das? Oder möchtest du lieber ein bisschen Krawall? Such's dir aus.»

«Ach, Sie meinen den Schinkenhändler!»

Der Geschäftsmann fasste sich theatralisch an die Stirn.

«Jetzt erinnere ich mich. Nein, nein, mit dem gibt es nichts zu bereden.»

«Soso.»

«Aber wenn ich es doch sage! Sie können wieder verschwinden, hören Sie? Zischen Sie einfach ab! Es ist alles geklärt, hier schuldet niemand irgendwem irgendwas, ja?»

Der Inkassomönch reichte seine Akte an die beiden anderen Brüder weiter. Dann verschränkte er die Arme vor der Kutte.

«Hältst du mich für dumm?»

Er zog die Nase hoch.

«Du denkst wohl, du kannst mich verscheißern, was? Wie lange willst du das Spiel noch treiben?»

Schweigend trat Señor Diego näher. Von einem unheilvollen Nicken begleitet, ging er einen Schritt auf sein Gegenüber zu, einen einzigen Schritt nur, und ich sah, wie sehr er sich zu zügeln versuchte, während seine Dämonen in ihm kämpften. Der Abt des Klosters der Kassierer, der stets so nüchterne Cobrador, der Mann mit den nackenlangen, ölig glänzenden Haaren neigte den Kopf. Er biss sich auf die Lippe und verengte die Augen. Seine Geste genügte, um den reuelosen Sünder zu vertreiben, und wer weiß, welche Rache des Herrn ihm gedroht hätte, wäre ich nicht Zeuge gewesen?

«Glaub mir, er wird bezahlen», sagte der falsche Mönch, als wir zurück in den Dienstwagen stiegen. «Ganz sicher nach diesem Besuch. Was für ein schamloser Typ.»

FRECH

Colombo

Wer den Charme der alten Welt vermisst, wird Fort Railway Station lieben. Die schnaubenden Lokomotiven, den Duft von Dampf und Rauch, den Rost, der die schmiedeeisernen Säulen zerfrisst und die Nieten der Stahlträger unter dem Walmdach löst. Der hundertjährige Bahnhof im Herzen von Colombo verfällt in Würde, aber er verfällt. Unterdessen erlebt er das immer gleiche Treiben. Das Hupen der Rikschafahrer auf dem Vorplatz, das «Chai, Chai!» der Teehändler mit ihren Wägelchen, das Gewirr der Leute, die ihre Ellenbogen nutzen, um sich an den Kartenschalter zu drängen.

Ich sehnte mich nach den grünen Teebergen und betrat das Tor zur Hölle. Hitzig, fiebrig, archaisch laut. Passagiere strömten treppauf, treppab und ließen die altehrwürdigen Brücken beben, die von Gleis zu Gleis führten. Pendler sprangen in rollende, heillos überfüllte Waggons, eine Hand an den Griffstangen in den offenen Türen. Aus den Schalltrichtern krächzten Durchsagen auf Singhalesisch oder Tamil, und die Schilder und Wegweiser waren in einem Alphabet gehalten, das mir ein Rätsel blieb.

Zwanzig Minuten noch, dann würde die Pfeife des Schaffners ertönen. Nach Habarana sollte meine Reise gehen, wo wilde Elefanten im Regenwald leben, später nach Kandy, wo Mönche den heiligen Zahn Buddhas verehren, und schließlich nach Bandarawela, ins Hochland von Sri Lanka. Nun jedoch stand ich in der Bahnhofshalle, Rucksack auf dem Rücken, angerempelt von allen Seiten und im Gesicht denselben Blick wie so viele Touristen um mich herum, die abwechselnd auf ihr Ticket und dann auf das Tohuwabohu schauten: «I wanna be found.» Möge der Herr einen Engel entsenden, der mich leitet.

Fünfzehn Minuten bis zur Abfahrt. In meiner Verwirrung ließ ich mich vom Fluss der Reisenden treiben, als ich irgendwo, zwischen dem Pawan Book Shop und einem Pakorastand, sein Lächeln bemerkte. Es gibt Menschen, die stechen heraus. Manche, weil sie ein lautes Mundwerk haben, andere, weil sie eine besondere Aura umgibt. Der junge Mann mit dem gestärkten Hemd und dem weißen, sorgsam gewickelten Dhoti um die Hüften besaß vielleicht die freundlichsten Augen, die ich jemals sah. Bei all dem Geschrei der Händler und Feilscher, dem Dröhnen der Dieselmotoren, dem «Mister, hey Mister!» der Taschendiebe, Geldwechsler und Trickbetrüger strahlte er eine ungeheure Ruhe aus, faltete die Hände und verneigte sich vor mir. Wie sich erwies, war er taub. Auch die Stimme schien ihm zu fehlen, doch das Spiel seiner Miene sprach klar und deutlich zu mir: Ich habe dich gehört.

Zehn Minuten. Dummerweise beherrsche ich nur ein einziges Wort in Gebärdensprache. Der Zeigefinger krümmt sich zu einem Haken und fährt geschwind über das Nasenbein, von oben nach unten. Um Missverständnisse zu vermeiden, formen die Lippen zusätzlich die entsprechende Silbe: «frech». Doch weder passte der Ausdruck zu meinem Helfer, noch wusste ich, ob sie auch international gebräuchlich war. Und so folgte ich ihm in Schweigen gehüllt, mal zwinkernd, mal nickend, aber stets voller Zuversicht, denn der Junge wusste, was er tat. Ich hatte ihm meine Karte gezeigt. First Class, versteht sich. Schließlich stand mir eine Fahrt über viele Stunden in tropischer Schwüle bevor, und wie es hieß, verfügte die erste Klasse nicht nur über genügend Beinfreiheit für einen Mann meiner Größe, sondern auch über einen Luftquirl in jedem Waggon. Außerdem war der Kaufpreis erschwinglich, zumindest für einen Westler. Ich zahlte eintausend Sri-Lanka-Rupien, umgerechnet zehn Dollar, was meine Reisekasse nicht sonderlich belastete. Dass dieselbe Summe dem wöchentlichen Lohn eines singhalesischen Teepflückers entsprach, muss ich wohl nicht erwähnen.

Fünf Minuten. Ein weinendes Kind. Ein streunender Kläffer. Ein blökender Eisverkäufer. Wer wäre so scharf auf Zucker, Vanille und Salmonellen, überlegte ich im Vorübereilen, dass er in dieser Atmosphäre ein Softeis schleckt? Wurmstichige Balustraden, abgegriffene Handläufe aus Teak, und doch führten sie uns zwischen all den Leuten hindurch auf das Gleis, wo mein Zug längst eingefahren war. Koloniales Weiß färbte sich braun, und die Zeiger der großen Bahnhofsuhr schienen für eine Weile stillzustehen, als es hieß, Abschied zu nehmen.

Der junge Mann war so nett, mir den richtigen Waggon zu zeigen. Er brachte mich sogar an meinen reservierten Platz und verstaute, zu allem Überfluss, auch noch mein schweres Gepäck über den Sitzen. Geld verlangte er keines dafür, nicht eine einzige Münze. Stattdessen reichte er mir einen Kugelschreiber und ein Buch.

Noch drei Minuten. Ich schlug das Büchlein auf und studierte die Fotos, die darin zum Vorschein kamen. Mädchen und Jungen saßen in einem frisch gestrichenen Klassenraum und lächelten. Wie die wenigen Zeilen in englischer Sprache erklärten, handelte es sich um eine Schule für gehörlose Kinder, die um eine milde Gabe bat. Es war ein Spendenbuch.

Zwei Minuten. Neben den Bildern auf der einen Seite fand sich eine Liste auf der anderen. Darin hatten sich bereits zahlreiche Colombo-Touristen vor mir eingetragen, Gönner und Wohltäter aus aller Welt, die erstaunliche Summen stifteten. Ihre Vornamen, Herkunftsländer und Spendenbeträge waren ausgesprochen gut lesbar, vielleicht auch, weil sie allesamt über ein und dieselbe Handschrift verfügten.

Eine Minute. William aus dem Vereinigten Königreich gab zweitausend Rupien. Marie aus Frankreich dreitausend Rupien. John aus Amerika zahlte sogar fünftausend Rupien für den guten Zweck. Die Vereinten Nationen schienen sich in ihrem Großmut gegenseitig zu überbieten, Juan und Maria, Giovanni und Sofia, Ingrid und Sven, keiner hatte weniger als einen Riesen geschenkt, das Wochengehalt eines Teepflückers in den Bergen.

Ich krümmte den Zeigefinger und fuhr über mein Nasenbein, doch mein Freund und Helfer verstand die Gebärde nicht. Und weil ich so dankbar war und nur noch wenige Augenblicke bis zur Abfahrt blieben, nahm ich den Stift und trug mich kurzerhand in die Liste ein. Wie hoch die Summe war, die Dennis aus Deutschland den gehörlosen Kindern überließ, wird mein Geheimnis bleiben. Aber ich wollte meine angeblichen Brüder und Schwestern aus dem Westen nicht beschämen.

ABSCHIED AUF RÄDERN

Kalifornien

Sieht aus, als hättet ihr eine gute Zeit gehabt, Jungs!», sagte der Mann am Nachtschalter und deutete auf unseren Wagen. Das Mustang-Cabriolet parkte im flamingofarbenen Neonschein vor dem Motel und schnaubte, als würde es den letzten Seufzer tun. Der Wagen mit den Viperstreifen hatte so schön silbern geglänzt, als wir den Fuß zum ersten Mal aufs Gaspedal setzten – unten in Palm Springs, wo Golfplätze in der Wüste wachsen. Oben in San Francisco, wo wir den Fuß für einen Sundowner wieder herunternahmen, leuchtete der Metalliclack im legendären goldenen Licht. Nun jedoch, einige Tage und tausend Meilen später, wies er dieselbe Patina auf wie wir selbst. Der Mustang trug das Make-up der Reisenden im Wind: Salz, Sand und roten aufgewirbelten Staub. Aus einem Wildpferd war ein nahezu tot gerittener Gaul geworden.

«Eine sehr gute Zeit», sagte Tom, der den Trip an die kalifornische Küste mit der Kamera begleitete. Wir fuhren die Straße der Träume entlang, gnadenvoll begünstigt durch den Segen eines Fernsehsenders, hatten Hollywood erlebt, Venice Beach und Beverly Hills, die Klippen von Big Sur und die Seelöwen, die sich dort sonnten. Auf der Suche nach Stories waren wir «Dr. 90210» begegnet, Amerikas erbarmungslosestem Faltenkiller, einer blutjungen Charakterdarstellerin aus dem cineastischen Werk «Zombie Strippers» und dem angeblichen Friseur von Paris Hilton, der meine Haarfarbe rühmte und sich überdies auch noch für andere Details meines Erscheinungsbilds zu begeistern schien. Wir reisten sogar ins Silicon Valley und stellten das Google-Gefühl auf die Probe, die Offenheit und jugendliche Coolness des Internetriesen. Ich nahm eines der quietschbunten Google-Bikes, die frei herumstanden, und radelte fröhlich pfeifend um das Mutterhaus des Konzerns herum – bis die allwissende Suchmaschine einen bewaffneten Sicherheitsmann entsandte, der uns in die Kameralinse griff.

Es war das pure Gold. Ein Fest für Filmemacher und Autoren. Wenn die Geschichten dieser Welt jemals auf der Straße gelegen hatten, dann taten sie es hier und jetzt auf dem Highway Number One mit seinem Flimmern über dem Asphalt, seinen Biegungen und den lasziven, windbewegten Hollywoodpalmen. Es war Hunting Season, Baby, und ich war noch nicht satt. Ich fühlte das Adrenalin in mir, stärker denn je, das Fieber, den Jagdtrieb des Reporters, die Gier nach der einen, letzten, alles erfüllenden Story, ehe wir wieder im Flieger sitzen und Gin Tonic kippen würden. Tom wusste, welche Story ich meinte, denn ich redete seit Tagen davon. Und obwohl er meine unerwartete Faszination für das Morbide nur bedingt verstand, schien er doch meine Neugier zu teilen. Es gab einen Vorort im Süden von Los Angeles, den ich unter allen Umständen noch sehen musste, gleich morgen, so düster und fremd er auch wirkte.

Zu meinem Bedauern erlaubte unser Reisebudget kein West-Hollywood mehr – ein Bett im Ausgehviertel am Sunset Boulevard, wo wir manchen rauschhaften Abend in der Rooftop-Bar eines Boutiquehotels verbracht hatten und die blinkenden Helikopter über den Villendächern der Santa Monica Mountains schweben sahen. Für eine letzte kalifornische Nacht jedoch musste es reichen – ohne Ausblick und Beauty Shots von der Dachterrasse zwar, dafür mit Kunststoffteppichen und Orangensaftkonzentrat, irgendwo an der Interstate zwischen Ventura und Long Beach.

«Sir», hob der Mann hinter dem Schalter an, als ich gerade dabei war, die Kaution für unser Quartier zu hinterlegen. «Tut mir leid, Sir, aber Ihre Kreditkarte wurde nicht akzeptiert.»

«Nicht akzeptiert?»

Während ich verwundert über den Magnetstreifen rieb und wehmütig an die Daiquiris der letzten Wochen dachte, zog Tom kurzerhand seine eigene Karte aus dem Portemonnaie. Diese sollte jedoch ebenso jämmerlich versagen: Zahlung abgelehnt. Und was geschah mit dem letzten Plastikgeld, das wir bei uns trugen, unserer Wildcard, wie wir sie nannten, der heiligen Firmenkarte der Fernsehproduktion – gelobt und gepriesen sei ihr großzügiges Limit? Das Lesegerät zog sie lechzend ein und spuckte sie wenige Sekunden später wie angeekelt wieder aus. Lag ein technisches Problem vor? Waren die Kreditinstitute im fernen Europa elektronisch nicht zu erreichen, weil der Kontinent gerade in Träumen lag?

Ich erinnere mich nicht mehr daran, wer von uns beiden den Anfang machte. Es geschah im Übersprung, erwies sich als außerordentlich ansteckend und war zweifellos der körperlichen wie mentalen Erschöpfung geschuldet – nach all den Stunden hin und her auf der Westküstenstraße von Süden nach Norden und wieder zurück. Da lehnten wir also am Tresen irgendeines Motor-Hotels am Highway, zwei durchaus erwachsene Typen, wie man meinen könnte, tief in ihren Dreißigern, weltläufig, lebensklug, weitgereist – und kicherten. Im Ernst: Wir giggelten und glucksten wie Kids, die gerade blutrote Lebensmittelfarbe in das Klowasser des elterlichen Spülkastens gegossen haben.

Ein Übertragungsfehler? Ein verhängnisvolles technisches Problem mit der fünftausend Meilen langen Leitung nach Übersee? Ich will es mal so formulieren: Unser einziges Problem in dieser Nacht bestand darin, dass wir pleite waren. Technisch gesehen. Rien ne va plus. No plastic money anymore und die Banken gegen uns.

«Ja, Sir», sagte ich mit halb erstickter Stimme. «Wir hatten eine wirklich gute Zeit.»

Zu unserem Pech stimmte der Nachtportier keineswegs in den unendlichen Spaß mit ein. Wie sich zeigte, war Kichern nicht sein bevorzugtes Mittel der Kommunikation. Im Gegenteil, je länger wir uns über das finanzielle Fiasko amüsierten, umso höher wanderten seine Brauen zur schmutzgrauen Decke empor, und desto krauser wirkte seine zerfurchte, von zahllosen Spätschichten gezeichnete Stirn. «Jesus», fluchte er mit zischender Stimme, und was in des hochheiligen Achtzylinder Namens hätte er wohl mit uns und dem schönen Mustang Cabrio angestellt, wäre nicht etwas geschehen, das im wahren Leben niemals passiert. Es sei denn, man ist Sonntagskind. Oder ein berühmter japanischer Autor mit Hang zum Surrealismus.

Ich nenne es den Murakami-Moment. Die Autobiografie des begnadeten Schöpfers von «Mister Aufziehvogel» enthält eine Szene, die ich gleich mehrmals las, weil sie mir unglaubwürdig erschien. Und wenn sie nicht gelogen ist, mit Verlaub, Herr Nobelpreiskandidat, so klingt sie doch wenigstens gut erfunden: Haruki Murakami eröffnet in jungen Jahren einen Jazzclub. Er verschuldet sich dabei so hoffnungslos, dass er die nächste Rate der Bank unmöglich rechtzeitig aufbringen kann. Kurz vor dem Zahltag zieht es den Meister zum Spazieren an die frische Luft. Da bückt sich Murakami-san über dem Tokyoer Trottoir und findet Geld – exakt jene Summe, die ihm fehlt.

Wer meine bescheidenen Zeilen also liest, muss mir glauben, wie emsig wir damals Kleidung, Gepäck und Kameraausrüstung durchkramten – auf der verzweifelten Suche nach dem baren Glück. Mal kam ein kleiner Schein ans Licht, der sich gefaltet in einer Hemdtasche verbarg. Mal war es ein größerer in der Jeans. Gemeinsam mit den allerletzten Dollars aus den umgestülpten Etuis und jenen Münzen, die wir in einer Kassettenbox aufbewahrten, um hin und wieder die Stativschrauben nachzuziehen, legten wir unser Cash auf die Theke. Und was soll ich sagen? Das gesammelte Geld reichte auf den Penny genau, um unser Roadmovie weiterzuleben. Noch eine Nacht und einen Tag. Nur für diese eine letzte Szene.

Als der Morgen erwachte und wir das Motel hinter uns ließen, rivalisierten zwei Gefühle in mir. Eines war Furcht. Das andere ein Glühen, ein warmes, seltsam heimeliges Empfinden. Auf eine Weise wirkte es wie nach Hause kommen. Die baumelnden Stromleitungen über den rissigen Straßen, die ich über die Motorhaube hinweg betrachtete. Die flachen Bungalows mit den vergitterten Fenstern und Türen. Die Zäune aus Draht, die metallisch klirrten, wenn sie jemand auf der Flucht vor den Cops überwand. Die kaum einzusehenden Gänge zwischen den kahlen, baumlosen, von der Sonne verdorrten Vorstadtgärten.

Das Mustang-Cabrio rollte durch Szenen meiner Jugend. Es fuhr mitten hinein in die ikonischen Kulissen urbaner Kinofilme und Musikvideos ferner, längst verdrängter Tage: *Boyz n the Hood, Menace II Society, Straight Outta Compton*. Kann man es kulturelle Aneignung nennen, wenn sich weiße wohlbehütete Jungs in ihrem Kinderzimmer eine Waffe in die Unterhose stecken? Eine Spielzeugknarre, und zwar so, dass der Griff aus dem Saum der Boxershorts ragt wie ein drohendes phallisches Symbol? Wenn Heranwachsende aus der norddeutschen Tiefebene ihre Karnevalskiste öffnen, den alten Colt mit den Platzpatronen in die Hand nehmen und ihn nicht halten wie Old Shatterhand beim Westernschießen in Bad Segeberg, sondern Gangsta-Style-waagerecht vor der Hühnerbrust? Oder ist es einfach nur dumm?

Damals vergötterten wir die *Thugs* aus der Ghettoszene, stilisiert von MTV, und ahnten nicht, was für Idioten wir waren – pubertierende Hormonhelden in viel zu weiten, bis in die Kniekehle hängenden Baggy Pants. Erst starb Kurt Cobain und mit ihm der Cardigan, das Flanellhemd und die Chucks. Dann Tupac Shakur, den es bei einem Drive-by-Shooting der *South Side Compton Crips* erwischte. Sein Stil überdauerte den Tod. Selbst in meiner niedersächsischen Heimat hinterließ er eine lang andauernde Sehnsucht nach Bandanas, gerippten Tanktops und «Old E» – *Olde English* –, dem Malzbier mit dem erhöhten Alkoholgrad, stilecht konsumiert aus der Vierzig-Unzen-Flasche, versteckt in einer Tüte aus braunem Papier. We keep it rockin', we keep it rockin'.

Jenes viel besungene Compton hatte der Mustang nun erreicht. Die Hauptstadt der Morde, wie man sie schimpfte, noch immer nach all der Zeit. Waren die Kriege der *Crips* und *Bloods* auch verloschen, so kam es dennoch vor, dass Autofahrer auf offener Straße von Kugeln durchsiebt wurden. Und war das Magazin einmal leer geschossen, erschlug man das Mädchen auf dem Beifahrersitz eben mit dem Kolben des automatischen Gewehrs – wie es jüngst durch die Zeitungen gegangen war. «Es geschehen nun mal Morde in Compton», ließ sich der Sheriff zitieren. «Genauso wie sie auch irgendwo anders passieren.» Häufig seien Drogen im Spiel, erklärte er, die Arme auf einem Foto verschränkt, gelegentlich auch bewaffnete Banden und mitunter nicht mehr als der reine Zufall. All das machte Compton zu einem der gefährlichsten Flecken auf der Karte der Vereinigten Staaten. Gangland, versunken im Smog. Eine Gegend der Außenseiter und Verlierer, die der Glanz der nahen Filmmetropole nicht traf.

Und so, wie sich im Leben manchmal eines zum anderen fügt, stieß ich dort, wo wir unsere letzte Story drehen wollten, auf einen Zettel. Wie drapiert lag er neben dem pfirsichfarbenen Wartesofa, dessen Polster mit Plastikfolie überzogen waren. Sie quietschten wie ein Sechserpack Wasserflaschen, als wir uns setzten. Mein suchender

Blick fiel auf einen Rüschenvorhang. Er war ebenfalls foliert, wie so vieles in diesem Raum, und noch dazu mit einem großen goldenen «A» bestickt. Ich fragte mich, welches Geheimnis sich wohl hinter der Gardine verbarg – und ob es das war, was ich vermutete. Während gedämpfte Soulmusik gegen die Beklemmung wirkte, die mich befiel – «I'll take care of you», säuselte es von irgendwoher –, wendete ich den Zettel in den Händen. Der Flyer warb für den lokalen *Homicide Cleaner*, einen offenbar gut beschäftigten Tatortreiniger, und verriet mehr über dessen Expertise, als mir bekam. Wenn man den Tod als Geschäft betrachtete, von dem zahlreiche Nutznießer gut und krisensicher lebten, war dieser tüchtige Gentleman jedoch weit unten in der Nahrungskette angesiedelt.

Deutlich höher rangierte Denise. Sie hob sich wohltuend vom überschminkten Ambiente der Empfangslounge ab, die nach meinem Empfinden zu sehr nach Rosenwasser und Duftbäumchen roch. Dreadlocks umspielten ihre freundliche, aber bestimmte Miene, während ihre gelbgoldenen Reifenohrringe im Schein eines Kronleuchters glänzten. Wir hatten kein Hotel betreten, zumindest keines für Lebende. Und doch bezeichnete sich Denise als Rezeptionistin. Ihr Job war es, mit Kunden zu telefonieren und die Gäste zu empfangen, die verlässlich sommers wie winters kamen, mal aufrecht stehend, mal im Auto sitzend und mal im Liegen. Wir hatten ein Interview mit Denise vereinbart, aber Denise war mehr als busy. Und so lud sie uns herzlich dazu ein, wieder aus der Tür zu gehen, den Motor zu starten, halb ums Gebäude herum zu lenken und die große Attraktion des Hauses zu erleben. Besser gesagt: zu *erfahren*.

Im Hof hielt eine verlängerte Limousine. Cadillac, perlfarbener Lack, verchromte Felgen und Weißwandreifen. Ein tadelloser, voll ausgestatteter, sorgsam auf Glanz polierter Leichenwagen. Ich steuerte um ihn herum, trat die Bremse und blickte in eine asphaltierte Durchfahrt hinein. *Drive Thru Viewing* stand auf einem Schild geschrieben, das sich an Besucher und Trauergäste richtete. Der gemauerte Tunnel war zu flach für Wohnmobile oder Geländewagen. Breit genug jedoch, um mit dem Mustang-Cabrio bequem die Kurve zu nehmen und hinein ins Dunkel zu rollen. Der Bauart nach hätte es genauso gut das Entree eines Schnellrestaurants sein können – *Wendy's, Taco Bell, Jack in the Box.* Und es dauerte nicht lange, bis ich mir wünschte, eine Gegensprechanlage würde mich erwarten. Dazu ein routiniertes Lächeln am Autoschalter und ein runtergeratterte «Welcome to Starbucks».

Stattdessen leuchtete schon bald ein Schaufenster auf der Beifahrerseite. Es war doppelt so lang wie der Wagen, in dem ich saß, und reichte vom Boden bis hinauf zur Decke. Ich hielt mit laufendem Motor, drehte den Kopf nach rechts und konnte nun die Rückseite der Empfangslounge sehen – das Geheimnis hinter dem Rüschenvorhang mit dem goldenen «A». Der Raum jenseits der Scheibe glich einer Puppenstube. Er war mit einem pinkfarbenen Teppich ausgelegt wie das Barbie Dreamhouse und umrankt von üppigen immergrünen Pflanzen – die beiden Plastikfarne wallten an griechisch inspirierten Gipssäulen herab. Dazwischen, bühnenmäßig erhellt in Gelb, Orange und glühendem Rot, strahlte das Zentrum des Fensters. Jene aufwendig komponierte Mitte, in der alle Linien der Sichtachse zusammenliefen und sich die Fluchtpunkte des Raumes auf dramatische Weise trafen.

Ich blickte aus dem offenen Wagen in einen offenen Sarg. Eine Totenkiste auf einem Bretterpodest, schräg den Besuchern in ihren Autos zugewandt. Willkommen im *Robert L. Adams Mortuary*, der Leichenhalle eines äußerst erfinderischen Mannes. Ihm war das goldene «A» auf den geruchsgeschützten Gardinen gewidmet, er war der geistige Urvater dieses Orts. Und ehe wir uns in moralischen, ethischen oder ästhetischen Fragen ergehen, sollten wir zunächst sein unternehmerisches Gespür honorieren. Vielleicht wäre es zu viel des Guten, Adams einen Visionär zu nennen, der Mann muss jedoch ein großer Pragmatiker gewesen sein. Während der Bandenkriege in Compton entwickelte er eine so simple wie lukrative Geschäftsidee: Wer zu jener Zeit ein Begräbnis besuchte, begab sich in Gefahr. Beerdigungen konnten Kampfzonen sein, Orte der Revanche, die ideale Gelegenheit für eine Schießerei im Vorüberrollen. Nicht nur die trauernde Gemeinde war das Ziel, sondern hin und wieder sogar der Leichnam selbst. Und so schuf Adams einen sicheren Hafen, wie er es nannte, das *Drive-Thru Funeral Home* mit kugelfestem Fensterglas. Form follows function.

Von nun an konnte jeder Abschied nehmen, wann er wollte, von sechs Uhr morgens bis acht Uhr abends, und feuerte jemand auf den offenen Sarg, blieb der Verstorbene so wohlbehalten, wie eine Leiche sein kann. Kein Mensch musste sich mehr um einen Parkplatz bemühen und sein Beileid mit einem lästigen Händedruck überbringen. Die Bürger von Compton erwiesen den Toten auf fortschrittliche und äußerst amerikanische Weise die letzte Ehre und trugen sich nach der Durchfahrt in ein Kondolenzbuch der hinterbliebenen Familie ein. Robert Adams beschenkte die gefürchtete Vorstadt mit seinem Gespür für bedürfnisorientierten Service, und seine spätere Frau Peggy Scott-Adams, eine Soulsängerin, fügte Pomp und Plüsch hinzu. Sie machte aus dem Tod endgültig eine Show.

Wer weiß, ob sich Robert und Peggy selbst in jenem Schaufenster aufbahren ließen, als ihr eigenes Ende gekommen war? Es ist selten ratsam, Privates und Geschäftliches zu vermischen – ein Gedanke, den das gewiefte Unternehmerpaar sicherlich im Herzen bewegte.

Ich kann jedenfalls betonen, wie gewissenhaft und verantwortungsvoll wir die Fahrt durch das Drive-Thru dokumentierten. Meine Augen ruhten auf dem Sarg, und Tom filmte die Szene aus drei verschiedenen Blickwinkeln. Eine Totale aus dem Schaufenster heraus auf den anrollenden Wagen. Ein Close-up, das über den geöffneten Sargdeckel hinweg mein verblüfftes Gesicht zeigte. Und zu guter Letzt eine mitfahrende Perspektive im Mustang-Cabrio, von der Rückbank aus gefilmt, wofür ich noch eine weitere Runde um die Leichenhalle drehte, wie es bei Filmarbeiten üblich ist. Auf eine klassische *Overshoulder*, die der subjektiven Sicht in den Sarg folgte, verzichteten wir aus ethischen und dramaturgischen Gründen. So wird es für immer ein Geheimnis bleiben, ob der Sarg an unserem letzten kalifornischen Tag leer oder belegt war.

Über mangelnde Auslastung konnte sich Denise, die Rezeptionistin des Hauses, nicht beklagen.

«Zur Mittagszeit oder morgens auf dem Weg zur Arbeit ist hier am meisten los», verriet sie mir, als sie kurz vor

Drehschluss doch noch Zeit für ein Gespräch vor der Kamera fand. «Manchmal kommen fünf oder sechs Autos zur gleichen Zeit. Aber bislang hat noch niemand gehupt und gerufen: ‹Los, aus dem Weg!› Die Leute sind sehr respektvoll.»

«So nimmt man Abschied in modernen Zeiten», stellte ich mit nachdenklicher Stimme fest.

«Very much so», sagte Denise und schenkte mir nickend ein halbes Lächeln. «Ganz genauso ist es.»

MAUERN UND MANDOLINEN

Nairobi

I ch war einmal zu einem Abendessen eingeladen und verlor den Appetit. Ein Fahrer holte mich ab, verriegelte die Wagentüren und tauchte im raschen Flug der Räder in die Nacht. Jenseits der getönten Fenster wischte die Stadt vorbei, ich sah Lichter, Schattenschleier und gelegentlich das Rot einer Ampel, das der Mann am Steuer ignorierte. Er kurvte ähnlich skrupellos durch das Straßengewirr wie die Lenker der *Matatus*, der gefürchteten, in schrillen Farben bemalten Busse mit ihren Bassboxen und Discolichtern, die durch Nairobi rasen. Alles schien, als sei der Fahrer in Eile. Doch es kümmerte ihn wenig, ob wir den vereinbarten Ort pünktlich erreichten. Sein erstes und einziges Ziel war es, überhaupt dort anzukommen.

Als wir den Weg verließen, bellten Hunde. Der Strahl einer Taschenlampe durchstreifte den Wagenfond, und ich kniff die Augen zusammen. Erst schlug die Heckklappe auf und zu, dann rasselten Ketten, und Scharniere kreischten. Eisen rieb auf Eisen, während Wachtposten ein Gittertor beiseiteschoben. Ein Raunen des Motors später verriegelten sie es wieder im Schein der Bremslichter, die auf Mauern und Rasiermesserdraht fielen. Hinter den Barrikaden, wo Gäste im Gespräch verweilten und mir jemand mit einem Lächeln die Tür aufhielt, verbarg sich ein Garten, erhellt von Kerzen, einer Feuerschale und Lichtern in den Bäumen. Ich schüttelte eine Hand, rückte an eine weiß gedeckte Tafel heran und hörte von irgendwoher die Klänge einer Mandoline spielen.

«Buonasera, Jambo, guten Abend.»

Ich war mit einem deutschen Arzt im Patio einer italienischen Osteria verabredet, irgendwo in der kenianischen Hauptstadt. Eine Metropole, die zu jener Zeit nicht den besten Ruf genoss, um es höflich zu formulieren. Sowohl unter Travellern als auch unter Reportern und diplomatischen Gesandten war sie bloß als «Nairobbery» verschrien, die Hauptstadt des Raubs und der bewaffneten Überfälle. Darum wartete der Wagen, mit dem ich chauffiert worden war, in Sichtweite des Tischs, nur wenige Schritte neben den reservierten Plätzen.

«Geh nicht nach Nairobi!», hatten mich Reisende gewarnt, denen ich am Horn von Afrika begegnet war – unterwegs in anderen Städten, vis-à-vis an anderen Tischen und Theken. Darunter ein so hochrangiger wie tief deprimierter Vertreter des Europaparlaments. «Da unten ist es noch schlimmer als in Bagdad!», schimpfte er beim dreifach aufgekochten äthiopischen Kaffee. «Die Banditen warten an der nächsten Kreuzung, reißen die Wagentür auf und zerren dich am helllichten Tage von der Rückbank in den Dreck. Und wenn es gut ausgeht, mein Freund, ziehen sie dich bloß bis auf die Unterhose aus.»

«Räubergeschichten», seufzte Paul, während er die Karte mit den Empfehlungen des Hauses las. Er hatte mich zum Dinner in der kenianischen Hauptstadt abholen lassen und hörte nun von meinem informellen diplomatischen Dialog. «Was soll ich dazu sagen? Der Typ hat recht, aber er weiß trotzdem nicht, wovon er spricht. Eigentlich ist Nairobi noch viel schlimmer.»

Paul war *Mzungu*, ein weißer Mann in Ostafrika, und wenn ich mich recht erinnere, wählte er an diesem Abend die hausgemachte Pasta mit Salsiccia und fruchtigen Tomaten. Vielleicht hieß er auch Jan oder Jens, Martin, Lutz oder Ben. Wie sein Name war, ist unerheblich für die Story. Wichtiger erscheint mir, dass wir uns in gewisser Weise ähnelten. Als Mediziner war er seit Jahren im humanitären Einsatz und reiste von einer Krisenregion zur nächsten. So hatte er kauernd auf dem Kachelboden einer sudanesischen Klinik ausgeharrt, während Rebellen die Fenster zerschossen. In Eritrea wiederum, nur eine Landesgrenze entfernt, wo ein Diktator sein eigenes Volk terrorisierte, hatte er kranke und kriegsversehrte Kinder versorgt – und es sich nicht nehmen lassen, im Roten Meer vor der Küste mit den Haien zu schwimmen. Mittlerweile war er *Head of Mission*, leitender Entwicklungshelfer in Kenia, was in mancherlei Ohren nach Bewährungshelfer klang. Doch mit der Suche nach zeitgemäßen, kultursensiblen Wortungeheuern wie *Entwicklungszusammenarbeitsexperte* hielt sich Paul nicht weiter auf. Man hätte ihn auch Gefahrensucher nennen können, dachte ich mir. Ganz sicher einen Gourmet.

«Du solltest den Fisch probieren.»

Paul nickte erst mir zu, dann geflissentlich dem Kellner, der uns Wein einschenkte. Als die empfohlene marine Speise jedoch tischfertig zubereitet war und mit Kapern und frischen Kräutern auf den Porzellanteller kam – ich glaube, es handelte sich um pochierten Barsch aus dem Victoriasee –, stocherte ich bloß darin herum. Zu grell waren die Bilder in meinem Kopf, zu brennend die Gerüche, die ich nicht verdrängen konnte, zu schwer die Gedanken, die seit Tagesanbruch in mir aufgekommen waren und nun, in den Abendstunden, nicht mehr verschwinden wollten. Weder im Kerzenflackern noch im Chit-Chat oder im kenianischen Chardonnay.

Paul hatte mir den dunkelsten Ort der «City in the Sun» gezeigt, wie sich Nairobi gerne auf Reisemessen präsentierte. Ich war ihm nach Mathare Valley gefolgt, hinab in ein Tal voller Hütten, das bis in die Ferne reichte. Steile, ausgewaschene Pfade führten zwischen Wellblech und Wasserkanistern hindurch, vorbei an Zeltplanen und wehenden Lumpen, Federvieh mit hervorstehenden Brustbeinen und knochendürren Ziegen. Während das Morgenlicht auf den rostroten Dächern spielte, segelten Marabus über der Schlucht, in der Hunderttausende Menschen lebten, so dicht an dicht gepfercht, dass kein Flüstern ungehört verklang.

Da lag ein Mann. Ausgestreckt auf dem Boden und halb entblößt, der Hals verdreht, der Kopf mit dem Gesicht voran im lehmbraunen Matsch. Paul beugte sich über den Leblosen, betrachtete ihn für eine Weile und winkte schließlich ab. Er war zwar Arzt, aber kein Totenbeschwörer oder Suchttherapeut. «Chang'aa», sagte er und gab mir das Zeichen weiterzugehen. «Sie brauen es in Ölfässern unten am Fluss, aus Mais, Hirse, Zucker, Batteriesäure, Kerosin und Rattenwasser. Mit etwas Glück erblindest du nur, wenn du das Zeug trinkst.»

In der Nacht zuvor hatte es geregnet. Auf dem Gang durch Mathare erinnerte ich mich daran, wie ich zu später Stunde wach geworden war und durch die Lamellen meines Hotelfensters auf die Straße blickte. Das wechselnde Leuchten eines Reklameschilds spiegelte sich in den Pfützen wider, während sich die Wächter vor den Häusern im Geschäftsviertel von Nairobi unter Torbögen und Dachsimse duckten, den Knüppel am Gürtel, das doppelläufige Gewehr zwischen den Knien.

Fernab von Downtown jedoch, nur Kilometer von all den Sportsbars, Shoppingmalls, Kempinskis, Radissons und Fairmonts der Stadt entfernt, wo dieselben Vögel kreisten und dieselben Wolken hinweg über die Dächer zogen, endete der Schein der vertrauten westlichen Welt. In Mathare gab es weder Teerstraßen noch gepflasterte Wege. Der Regen kam, riss los, was sich lösen ließ, und spülte es in Rinnsalen entlang der Gassen den Abhang hinab. Alles floss und verschlammte, versank im Morast aus Erde und Exkrement, Plastikfetzen und verrottendem Papier.

«Es ist, als würden wir nicht existieren», erzählten die Bewohner von Mathare, denen wir begegneten. «Wir sind unsichtbar wie ein vergessener Teil der Stadt. Weit und breit keinerlei Grün, kein Wasser, keine Strommasten, keine Brandwache, nicht mal jemand, der den Müll abholt. Nur wenn eine Wahl ansteht, gehören wir plötzlich dazu. Dann kommen Politiker ins Valley und tun so, als würden sie sich für uns interessieren.»

Und die kenianische Polizei? Sie hielt sich ebenso fern, wie es schien. Das Gesetz der Schattenstadt schrieben die Banden, die Mathare kontrollieren. Für jeden kümmerlichen Verschlag aus zusammengetragenem Wellblech, Sperrholz oder Lehm verlangten sie monatlich Pacht, auch wenn die Menschen darin nur auf Matratzen aus zerdrückten Wasserflaschen schliefen. Wer nicht zahlen konnte, verlor seine Unterkunft und nicht selten noch mehr. Einem Mzungu aber, der Medizin im Valley verteilte, Spritzen setzte und Tuberkulosekranke in einer improvisierten Klinik behandelte, schnitt man nicht für ein paar Schilling die Kehle durch. Und so bewegte sich Paul mit einer Aura der Unverwundbarkeit durch die Schlucht. Beäugt von Männern, die offiziell nicht existierten und doch die versmogte Luft atmeten. Von Frauen, die es gar nicht geben durfte und die doch jederzeit Gefahr liefen, missbraucht zu werden. Von Kindern, die in keinem amtlichen Register zu finden waren und doch allein in den Hütten verblieben, wenn ihre Eltern in der Morgendämmerung mit bloßen Füßen nach Downtown aufbrachen, um dort Brot zu finden. Die «City in the Sun» mit ihren Turmbauten, Gärten und Glitzerfassaden lockte Scharen aus den Dörfern in die Stadt. Sie kamen mit großen Träumen und verschwanden in den Tälern der Slums. Zwei von drei Bewohnern der Millionenmetropole lebten in Elendsvierteln – und so ist es heute noch.

Einer dieser Unsichtbaren ließ mich nicht los. Am Abend im Schein der Kerzen musste ich immerzu an ihn denken. Der Mann hockte auf einem Schemel vor seiner Hütte und aß mit bloßen Fingern. Was er am Leibe trug, war nicht mehr als ein Gespinst aus Flicken. Seine Behausung war ein loses Gefüge aus löchrigem Blech. Und dennoch hielt er mir seinen Teller hin, als er mich sah. Die Mahlzeit schien alles zu sein, was er besaß, aber er war bereit, sie mit einem Fremden zu teilen.

«Dessert?», fragte Paul, als die Pasta verspeist und die

letzte Salsiccia verschlungen war. Noch immer spielten Mandolinen in dem vom Mauern umschlossenen Garten, und es wäre falsch, ihn gleichgültig zu nennen, jenen Arzt, der mir zum Essen gegenübersaß. Paul wirkte keineswegs so glatt und steril wie das Besteck, mit dem er Schusswunden operierte. Wenn wir jedoch über Mathare sprachen und das, was dort Tag und Nacht vor sich ging, blinzelten seine sanften, dunkel umschatteten Augen kaum. Hatten sie zu viel gesehen, um noch eine Regung zu zeigen? War es riskant für einen Arzt, all das Leid zu tief in seine Seele zu lassen? Oder spürte ich bloß das afrikanische Gefühl in mir, das jeder Europäer kennt, der den Kontinent bereist – hin und weg vor Zauber und gleichzeitig von Schrecken erfüllt? Die große, von Grund auf naive Frage, weshalb Menschen auf dieser Welt so leben müssen, schien sich Paul nicht mehr zu stellen.

«Hast du überhaupt eine Ahnung, wie ich hier in Nairobi lebe?», sagte er und bestellte Pannacotta mit Limoncello, vielleicht auch Affogato al caffè. Dann begann er von dem Haus zu erzählen, das ihm die Hilfsorganisation stellte. Paul wohnte in der Villa seines Vorgängers, umgeben von einem Elektrozaun, der einer Büffelherde standgehalten hätte, wie er scherzte. All die Gitter und Mauern, die das Gebäude sicherten, den NATO-Draht, das Panzerglas und die surrenden Videokameras nannte er «standardmäßig», nicht jedoch ohne süffisanten Unterton. Tag und Nacht patrouillierten Wächter vor dem Gebäude, während das Zimmer, in dem Paul und seine Verlobte schliefen, zusätzlich mit einer verstärkten «Anti-Rape-Door» verschlossen war.

«Bliebe noch der Panikknopf», sagte Paul. «Du drückst

ihn bei einem Überfall. Danach kannst du nur beten und hoffen, dass dich die Security rechtzeitig freischießt – falls sie nicht mit den Einbrechern gemeinsame Sache macht.»

Keine der Barrieren aus Stein, Draht und Stahl hatte seinem Vorgänger genützt. Die Diebesbande, die eines Nachts mit Messern und Schrotflinten bewaffnet in sein Schlafzimmer drang, kam aus dem Untergrund von Nairobi. Sie grub einfach einen Tunnel in das Haus hinein und überraschte ihn in seinem Bett.

«Und wozu das alles?», fragte ich, was wieder so eine große, naive Frage war. «Wofür tust du dir das an?»

Paul griff zum Löffel und machte sich über seinen Nachtisch her.

«Für Afrika», sagte er und schwieg.

«Für die Menschen?»

«Natürlich.»

Er schien zu überlegen. Dann sah er mich an.

«Aber vor allem für den Thrill.»

«Den Thrill?»

«Ja», sagte er und schenkte mir ein rätselhaftes Lächeln. «Den Nervenkitzel, den Kick, das Adrenalin, verstehst du? Das Gefühl, dem Tod näher zu sein als dem Leben. Findest du das falsch?»

Während wir Espresso tranken oder Limoncello, dachte ich darüber nach. Paul war kein White Savior. Kein Mzungu, der nach Afrika kam, um Fotos zu schießen, ein wenig Geld zu spenden und gleich wieder zurück in den Westen zu jetten. Man konnte ihn genauso wenig als selbstlosen Wohltäter bezeichnen, aber er schien mir ein guter Arzt zu sein. Und er war tapfer. Tag für Tag kämpfte er gegen Typhus, Cholera, die Krätze, HIV und all die Hexenheiler, die den Kranken die Erlösung von ihren Seuchen versprachen – mit Kamelmilch, gekochten Bananen und aufgelegter Hand. War es unmoralisch, dass sich der German Slumdoctor hin und wieder nach dem Abenteuer sehnte? Oder war es lediglich ein Fehler, so ehrlich zu sein?

«Erzähl mir nicht, dass es bei dir anders ist. Du brauchst den Thrill doch genauso wie ich», sagte Paul und bat mit einer Geste um die Rechnung. Nur einen letzten Shot und einen Händedruck später verließen wir den lichterfüllten Garten der Glückseligen und fuhren in die afrikanische Nacht. Wir waren beide jung und reisten um die Welt, zwei treibende Äste im Ozean. In Nairobi trafen wir zusammen, ehe uns der Schlag der Wellen wieder trennte.

MEI PEN RAI

Buenos Aires – Bangkok – Sai Nuan Beach

E inmal war alles zu viel. Zu viel Check-in, zu viel Check-out, zu viel Park and Ride, zu viel Kiss and Fly, zu viele Fragen nach Tomatensaft, zu häufig die Wahl zwischen Chicken or Beef, zu viele Stopover, Layover, Hangover, zu viel «Hey, taxi!» und «Need a ride?», zu oft «Smoke, smoke?» und «Lil' massage, lil' bum-bum, Sir?», zu viele Gauner und Halunken, zu viele Blogger, Backpacker, Honeymooner, zu viele Airlines, zu viele Deadlines, zu viel Drama.

Es war nicht die Erschöpfung, die mich plagte. Für einen Burn-out hatte ich keine Zeit. Irgendwann jedoch ist der Punkt erreicht, an dem das Reisen zur Routine verkommt. Es verliert an Glanz, wird fahl, ganz gleich, wie zauberhaft es gerade ist in den Tempeln von Madurai, über den Lichtern von La Paz oder am Küstenrand von Madagaskar, wo die Dhaus im Rot der Sonne segeln. Dann ist es gut. Genug. Der Kopf ist voll, das Herz ist leer, und die Nacht ist lang.

Ich saß in einem Hotelzimmer in Buenos Aires und blickte hinaus auf die Avenida 9 de Julio, als ich merkte, dass ich überreist war. Ein Gedanke jagte den nächsten wie die Autos vor dem Fenster, die auf einem Dutzend

Spuren um den Obelisken kreisen. Stunden zuvor hätte ich beinahe mein Leben verloren. Ich war in ein falsches Taxi gestiegen und konnte dem Himmel danken, dass ein echter Polizist zur Stelle war. An einer Straßensperre, wo sich eine Schranke senkte, stoppte er den Wagen und hielt dem Mann am Steuer die Waffe vor. Sonst hätte er mich wohl in das düsterste Viertel der Stadt gefahren und im besten Fall bis auf die Socken ausgezogen.

Der Schock war verklungen, die zittrigen Hände beruhigt, doch der Ärger über die eigene Blindheit blieb. Oder sollte ich es Blödheit nennen? Ich hätte sehen müssen, dass das Taxi kein Taxi war. Es trug weder eine Nummer noch ein Zeichen auf dem Dach und ließ auch kein «libre» erkennen, das links oben an der Frontscheibe leuchtete. Nicht einmal die Farbe stimmte mit einem der vierzigtausend schwarz-gelben Taxis überein. Der silberne Wagen mit den verschrammten Seiten versprühte den Charme eines Fluchtfahrzeugs. Lediglich ein einziges Detail brachte mich darauf, dass es sich um ein Taxi handeln könnte. Ich fiel auf ein gelbes Schild mit großen schwarzen Buchstaben herein, es baumelte um den Hals des Fahrers, als er mir am Flughafen die Tür aufhielt: «TAXI» stand darauf.

Damals entschied ich mich für eine Auszeit, eine Rast am Ufer, während der Fluss des Abenteuers weiterrauschte. Dies würde meine letzte Reise sein, nahm ich mir vor, keine Stories mehr, keine Interviews und keine Jobs, die mich in ferne Länder führten, so lange, bis der Verstand wieder klar und wachsam war. Meine Seele hielt nicht mehr mit dem Leben aus dem Koffer Schritt.

Und was tat ich? Ich ging auf Reisen.

Ich strich sämtliche Termine, flog nach Thailand und verbrachte den Sommer in einer Hütte am Meer – zusammen mit einer Eidechse, einem Gecko und einer Schlange. Die grüne Schlange wohnte in einem Bambusrohr auf der Veranda. Sie wand sich in den Morgenstunden heraus, wenn die Luft noch kühl war, und zischelte mit dem ersten Fuß davon, den ich aus dem Bett auf eine Bastmatte setzte. Von der Brandung geweckt, knotete ich das Tropennetz zusammen, unter dem ich schlief, schälte Früchte und zerteilte sie. Ich aß sie im Freien, atmete die Ozeanbrise und lehnte mich an ein Dreieckskissen, um zu lesen: «Das Parfüm», «Gottes Werk und Teufels Beitrag» oder «Mein Leben, meine Filme», die Autobiografie von Bud Spencer. Bücher, die Touristen in der Inselbibliothek gegen andere gebrauchte Bücher tauschten.

In der Dämmerung kam die Eidechse. Sie ließ sich auf dem Baldachin aus Palmblättern nieder, der mir Schatten spendete, und genoss die letzten wärmenden Strahlen, während sich die Sonne über den Ozean neigte. Nun war es an der Zeit, das Buch wieder zu schließen, denn die Stunde der Tigermücken begann, und wartete ich zu lange, schwirrten Flughunde um die Bambuslaterne, die den Balkon erleuchtete. Sobald das Mondlicht auf die Hütte fiel und sich der Wellenschlag mit dem Summen, Zischen und Zirpen der Insekten vermischte, kroch ein bläulicher, rot gepunkteter Tokee unter dem Giebel hervor. «To-kee, to-kee!», schnalzte der Hausgecko seinen Namen, während ich im Schein einer Kerze mein Tagebuch öffnete. «Asien», schrieb ich. «Kriegst du mich wieder hin?»

Unter Leute ging ich selten. Nur wenn es nötig war,

weil der Magen knurrte oder der Kopf nach geistiger Nahrung verlangte, wagte ich mich vor die Tür.

«Sawadee kha», hörte ich eines Tages eine Stimme. Es war Nil, eine junge Kellnerin aus einem Restaurant. Ich traf sie entlang des Palmenpfads, der zum Markt und zur Bücherei führte, auf der Suche nach einem neuen Zeitvertreib mit vergilbten Seiten: «Omertà» von Mario Puzo oder Paul Auster, «The Music of Chance».

«Sir! Hey, Sir, wollen Sie nicht mal was erleben?», fragte sie und sah zu mir auf. Ihre Worte waren keineswegs anzüglich gemeint, die gute Nil sorgte sich lediglich darum, dass ich mich langweilte, so allein mit meiner Eidechse und der grünen Schlange. «Wieso leihen Sie sich nicht ein Motorbike? Sie könnten auch schnorcheln gehen oder ins Abendrot paddeln. Wissen Sie, es ist wunderschön da draußen in der Lagune.»

Aber ich bedankte mich nur lächelnd und schlenderte weiter meines Wegs. Nein, ich wollte nichts erleben, um keinen Preis, keine Abenteuer mehr und bloß kein Sightseeing, too many temples, too many tourists, too little time. So lief es tagein, tagaus, während die Wochen verstrichen. Schlange, Eidechse, Tigermücken, Flughunde, Tokee, Palmenpfad, Markt, Bücherei, und trotz all der Mangos, Melonen, Papayas und Guaven, von denen ich mich ernährte, hatte ich den Eindruck, erfreulich an Gewicht zu verlieren. «Ich sehe besser aus», vermerkte ich auf den Seiten meines Tagebuchs, «und ich esse viel.» Nil jedoch begrüßte mich gerne mit den lobenden Worten: «Oh, you look big today. Biiig!» Dabei deutete sie kichernd auf meinen Bauch. Sie nannte mich liebevoll «Mister Mei pen rai», eine mannigfaltige thailändische Wendung, die sowohl «Nein, danke!», «Kein Problem!» als auch «Alles gut!» bedeuten kann, und in ebenjener Reihenfolge verlief auch die Reise meiner Gefühle. Apathie führte zu Gleichmut und mündete langsam, aber stetig in inneren Frieden.

In der letzten Nacht am Sai Nuan Beach, als alle Dämonen besiegt und die bösen Geister vertrieben waren, die mich so gequält hatten, schrieb ich fünf Worte in mein Tagebuch und klappte es endgültig zu. Wenn ich sie heute lese, taugen sie höchstens für ein Kalenderblatt: «Ich lebe, ich bin zufrieden», notierte ich. Damals aber, auf der Insel, sprachen sie aus tiefster Seele von Mister Mei pen rai, meinem Kokossaft trinkenden Ich, dem es gut ging, endlich wieder gut.

Am Morgen lud ich meinen Koffer auf ein Boot, das mich zurück nach Koh Samui bringen sollte. Von dort aus würde ich über Bangkok und Dubai nach Hause fliegen, wo bereits die Arbeit auf mich wartete, der Alltag eines Auslandsreporters: eine Reise nach Branson, Missouri, die Country-Hauptstadt des Mittleren Westens. Da hörte ich ein Rufen. «Sir, wait, Sir! Nil is coming!» Schon sah ich sie auf Flip-Flops den Kai hinuntereilen, in einer Hand ein pinkfarbenes Handy, um ein Erinnerungsfoto zu schießen, in der anderen ein Geschenk.

«Eier?», fragte ich verwundert und neigte den Kopf, um mich zu bedanken. Und wirklich, Nil hatte mir zum Lebwohl zwei hartgekochte Eier überreicht, die ich nun in meinen Händen wog. Handelte es sich um einen Brauch, eine mir unbekannte siamesische Sitte mit symbolischem Touch?

«Mister Mei pen rai», sagte sie mit einem Lächeln. «If you hungry, you have eggs.»

Wenn du hungrig bist, hast du Eier. Nicht mehr, nicht weniger, und wann hatte mich eine Abschiedsgeste jemals so gerührt? Ich sah Nil noch lange nach, wie sie am Ufer stand und mir mit beiden Armen winkte. Ich war Herr Allesgut, ein junger Mann, dem es an nichts mehr fehlte, und wenn er auf seiner Heimreise mal hungrig war, aß er ein Ei.

JÄGER UND GEJAGTE

Taipeh

Schon mal einen Taifun erlebt? Wie er den Himmel verdunkelt, das Meer zerwühlt und in den Felsen heult? Wie er die Gischt verweht und nach den Palmen greift, wenn er auf das Ufer trifft? Er raubt die Farben, hüllt alles in Grau, zieht mit Donnergrollen über das Land. Der Wind lässt die Dachziegel klappern und Laternen schwanken, reißt Regenschirme aus den Händen und trägt sie davon. Wer noch aufrecht steht, den drückt er nieder, wer die Augen offen hält, den macht er blind, und wer sich allzu weit aus dem Fenster wagt, in einem Akt des Übermuts, dem wäscht er gehörig den Kopf.

Mein erster Taifun war ein Ungeheuer. Morakot tauften sie ihn, den Smaragd. Er wurde über den grünen Wassern des Pazifiks geboren, wo er auf seine schicksalhafte Reise ging. Anfangs gab er sich zahm, mäanderte ins Nirgendwo und schien sich auf seinem Weg zu verlieren. Dann jedoch macht er kehrt, als sei ihm plötzlich etwas in den Sinn gekommen. Der Sturm begann wieder zu wachsen, gewann rasend an Fahrt und drehte solche Spiralen, dass sie von den Philippinen bis nach Japan reichten. Sein Auge näherte sich genau der Insel, auf der ich nachts gelandet war. Morakot nahm Kurs auf Taiwan.

Als der Tag erwachte, befand ich mich in einem Turm aus Glas. Er zählte hundert Stockwerke und noch eines mehr, womit er jeden anderen Wolkenkratzer seiner Zeit übertraf. Von den blau getönten Scheiben, die bis zum Boden reichten, perlten die ersten Tropfen herab. Doch so trübe die Sicht auch war durch die Fenster des Taipei 101, so klar ließ sich erkennen, warum die Insel einmal den Namen Formosa trug, die Schöne. Seefahrer aus Portugal hatten ihre Meeresbuchten, Wasserfälle und jadefarbenen Berge erkundet, die sich wie Terrassen erheben und steil in den Ozean abfallen. Nun ragten Städte aus den Tälern hervor, Tempel und Schreine, und wenn die Schatten länger wurden, begannen die Nachtmärkte zu leuchten.

Und der Taifun? Während mein Blick über die Landschaft schweifte, war seine Ankunft bloß zu erahnen. Morakot wütete noch auf hoher See, aber seine Wolken hingen bereits über den Dächern, seine Schwüle erfüllte die Luft, und seine Schleier senkten sich über den Gipfeln, die in der Ferne verwischten. Taiwan schloss die Seehäfen, strich Flüge, ließ Frauen und Kinder aus den Dörfern in den Teebergen holen. Doch da war noch etwas, das über der Insel schwebte, dunkler und mächtiger als Wind und Regen. Weder zog es vorbei, noch flaute es ab, und obwohl es niemand zu Gesicht bekam, drang es durch jede Wand. Es schien in allen Häusern der Skyline zu wohnen, die ich betrachtete, fuhr als blinder Passagier in den Bussen durch den Großstadtsmog und mischte sich still und leise in die Schwärme der Motorscooter.

Ich erinnere mich noch gut an das Gefühl an jenem Morgen. Katzen sagt man nach, sie könnten ein Unwetter erspüren. Die Tiere wirken zerstreut, schleichen umher und suchen irgendwo nach einem Versteck. Mir ging es ähnlich, als ich mit dem schnellsten Fahrstuhl der Welt in die Tiefe sauste, den Turm verließ und meinen Schirm aufspannte. Ich war nervös. Kaum auf der Insel angelangt, lief meine Zeit auch schon wieder ab. Drei Tage waren für meine Story aus Taipeh geplant, doch nun blieben mir nur Stunden, um sie zu erzählen. Danach würde der Wirbelsturm das Leben von den Straßen der Metropole wischen, und für den Rest meiner Reise gäbe es nichts mehr zu sehen außer der floralen Tapete, mit der mein fensterloses Zimmer verziert war. Game over, rien ne va plus, ein Horror für jeden Reporter. Als wäre der Stress noch nicht genug, wurde ich dringend zu einem Interview erwartet – allerdings nicht nur von einer Person. Es mag verrückt klingen, aber gleich zwanzig Menschen hatten sich zu dem Termin angekündigt, weil sie sich brennend für meine Geschichte interessierten.

Was ist Freiheit? So lautete der Titel der Reportage, an der ich arbeitete. Allem Anschein nach eine einfache Frage, doch wie sich zeigte, berührte sie die Seele einer ganzen Nation. Taiwan ist eine freiheitliche Demokratie, die einzige in der chinesischsprachigen Welt, nebenbei bemerkt, freie Wahlen und Menschenrechte inklusive. Man könnte das Land als unabhängig erachten, es verfügt über eine Regierung, eine Armee und sogar über eine eigene Währung, den Taiwan-Dollar, den es in Purpur, Pink und noch weiteren knallbunten Farben zu bewundern gibt. Nur eines fehlt: Abgesehen von Tuvalu, Swasiland und dem Vatikan wird es von kaum einem anderen Staat anerkannt. Taiwan bezeichnet sich als Republik China, nicht zu verwechseln mit der Volksrepublik, wo das Gewehr die Macht gebiert, wie Mao einmal sagte. Peking verteufelt die Insel als abtrünnige Provinz und strebt danach, sie wieder in sein Hoheitsgebiet einzugliedern – wenn nötig, mit Gewalt. Darum ist Freiheit der größte Stolz des Landes und das Kostbarste, was es zu verlieren hat.

Der Treffpunkt war eine Museumshalle. Sie lag einen Spaziergang durch Lachen und Pfützen entfernt und erinnerte trotz ihrer Glasfassade an einen Tempel im traditionellen Stil. Während der Regen von den Tropfkanten der Pagoden rann, waren meine Gesprächspartner bereits versammelt. Ich erkannte sie von Weitem, weil sie Hemden in der Farbe der Sonne trugen. Ganz in Gelb verweilten die Männer und Frauen im Lotossitz unter dem geschwungenen Dach, wo sie ihre Yogamatten ausgebreitet hatten. Sie hockten jedoch nicht nur vor dem herrschaftlichen Eingang mit den Kronleuchtern. Verwundert blickte ich um die Ecke und sah dort noch mehr meditieren, viele mehr. Allesamt in Gelb gekleidet, verteilten sie sich auf den Säulengängen bis zur Rückseite des riesigen Gebäudes. Nicht zwanzig, wie erwartet, sondern hundert, zweihundert, dreihundert Menschen waren gekommen, um zu beweisen, was Freiheit bedeutet.

Schweigend saßen die Leute da und ließen ihre Hände tanzen, langsam, fließend, nahezu synchron. Sie schlossen die Augen und lauschten der Stille des Regens, während sich ihre Arme hoben wie Dampf, der über einer Schüssel voll Reis aufsteigt. Keine hundert Seemeilen jenseits der Küste wären sie zusammengeknüppelt, weggezerrt und abtransportiert worden, nur weil sie atmeten, ihren Kopf benutzten und auf öffentlichem Grund nach geistiger Klarheit strebten. Was so friedlich wirkte, war in der Volksrepublik ein Affront. Falun Gong, die sogenannte Meditationsbewegung, gilt dort als Gelbes Gift, eine perverse, ketzerische Organisation, wie es aus Peking heißt. Aber warum?

Um meine Frage zu beantworten, wurde ein Sprecher auserkoren, doch er tat sich schwer. Der hagere Mann rückte seine Nickelbrille zurecht, kratzte sich nachdenklich an der Stirn und rang nach Worten. Er bemühte sich, in reinstem Oxfordenglisch zu reden, was eine ungemein höfliche Geste war. Mein Mandarin ist auf ein «Xièxiè» zum Dank und ein seufzendes «Mǎ mǎ hǔ hǔ» begrenzt, wenn ich außerordentlich mittelmäßig gegessen habe. Doch der Fluch der Akribik schien ihn genauso zu hemmen wie die Tatsache, dass uns eine so große Menschenmenge umgab. Ich war ähnlich eingeschüchtert, und vielleicht hätten wir uns einfach auf den Boden hocken und gemeinsam Qi Gong praktizieren sollen, dachte ich mir. Die Aufregung verflog allerdings mit einem einzigen flapsigen Kommentar.

«Warum ist Falun Gong so verdammt gefährlich?»

Kaum hatte ich den Satz gesagt, brach der Sprecher von Falun Gong in Gelächter aus. Um eines zu betonen: In unserem Interview ging es um Verschleppung, Arbeitslager, Umerziehung und Misshandlung bis hin zur illegalen Organentnahme, dennoch grinste der Mann übers ganze Gesicht. Komik ist Wahrheit und Schmerz. Es war ein rührendes, befreiendes Lachen, das dem Gespräch die Schwere nahm und die Nerven allmählich beruhigte.

«Wissen Sie», antwortete er schließlich mit gefasster

Stimme. «Das ist eine Sache, die wir nicht verstehen. Wir machen doch nur Übungen im Park.»

Nun, es gibt durchaus Kritiker, die anderer Meinung sind, nicht nur in China. Einige betrachten Falun Gong als Sekte, andere zumindest als skurril. Die Praktizierenden suchen die innere Einkehr, um ihr «Qi» in die richtigen Bahnen zu lenken und Körper und Geist zu reinigen. Dabei zweifeln sie an der modernen Medizin, stellen Wissenschaft und Technik generell infrage, und wenig überraschend haben sie das ein oder andere Problem mit dem gleichgeschlechtlichen Akt – wie so viele spirituelle Gemeinschaften dieser Welt, schöne Grüße an den Papst in Rom. Manche Anhänger sollen an Außerirdische glauben, die auf Erden wandeln, jedoch nicht an schwebende Wesen mit Flügeln, Harfe und güldenem Heiligenschein.

Der wahre Grund, weshalb sich die chinesische Führung vor Falun Gong fürchtete, war an diesem Morgen klar ersichtlich: Die Bewegung mobilisierte geschickt die Massen, gleich, ob es regnete oder nicht. Was würde geschehen, wenn Millionen von Chinesen nicht mehr der Kommunistischen Partei, sondern anderen Propheten folgten? Bei aller Feindschaft und Repression war kurz vor meinem Besuch etwas Historisches geschehen: China und Taiwan schienen sich diplomatisch anzunähern. Nach intensiven Gesprächen erlaubte die Volksrepublik ihren Bürgern sogar, in die abtrünnige Provinz zu reisen und die Insel der Landesverräter zu erkunden. Aber nicht allein.

«Sehen Sie den da vorne?»

Mitten im Interview deutete der Sprecher auf einen Herrn in feinem Zwirn. Der junge Mann trug die Fahne der staatlich chinesischen Tourismus- und Reisebehörde vor sich her, China Travel Service. Mühsam lächelnd führte er seine Volksgenossen aus der Museumstür, vorbei an dreihundert Menschen, die in stillem Protest meditierten.

«Es mag für uns seltsam klingen, aber in jeder chinesischen Touristengruppe gibt es mindestens einen Aufpasser, der die Leute überwacht. Sie bespitzeln sich auch gegenseitig.»

«Tun sie das?», fragte ich, als läge es nicht auf der Hand, und wieder grinste der Sprecher, während er heftig nickte. Nun also traf die Rote Gefahr auf das Gelbe Gift. Eine heikle Situation, die Falun Gong wiederum zu nutzen wusste. Als die chinesischen Brüder und Schwestern die Halle verließen und sich treppab auf den Vorplatz bewegten, mussten sie durch ein Spalier aus Blut und Schrecken gehen. Die Anhänger der Meditationsbewegung hielten ihnen den Spiegel vor, mit Bannern, Plakaten und Fotografien. Sie zeigten mutmaßliche Opfer von Folter, Quälerei und Hinrichtungen – und Tankman, den bekanntesten Unbekannten der Weltgeschichte. Jenen Mann im weißen Hemd, der sich auf dem Platz des Himmlischen Friedens einem Panzer entgegenstellte.

Ich werde niemals die Blicke vergessen. Keiner der Reisenden aus dem Reich der Mitte schaute weg. Die Leute blieben stehen und starrten, manche verschränkten die Arme, andere verzogen vor Abscheu das Gesicht, wieder andere staunten mit offenem Mund, arglos wie Kinder, als ahnten sie nichts von alldem.

«Sie sind perplex, schockiert, verwirrt», sagte der Sprecher, nun mit angemessen ernster Miene. «Und so erleben wir es jedes Mal, wenn wir ihnen die Wahrheit vor Augen führen.»

Das ist Freiheit. Und das ist Taiwan. Ein Land, das tagtäglich damit lebt, dass über tausend Raketen auf seine Städte gerichtet sind, wenn man der kommunistischen Propaganda glaubt. Dabei würde doch schon ein einziger Atomsprengkopf genügen, um die kleine missliebige Insel im Meer zu versenken, oder nicht? Wer in Peking weilt und das Wort «Taiwan» in eine Suchmaschine tippt, der stößt auf die Great Firewall of China und erhält nur sorgfältig kuratierte Treffer. Taiwanesische Medien sind frei, auch wenn sie während meiner Reise vorwiegend über das Wetter berichteten.

Rund um die Uhr über den nahenden Taifun zu informieren, war eine ermüdende Arbeit. Und so nahm sich mancher Kollege die Freiheit, an Ort und Stelle einzuschlummern, sobald sich die Chance dazu bot. Das spontane Nickerchen gilt als besonderes Talent der Taiwaner, egal, wie unbequem die Situation gerade ist. Pendler schlafen in der Metro, Wartende schlafen an der Bushaltestelle, Scooterfahrer lassen ihren Kopf auf den Lenker sinken und schlafen am Straßenrand ein. Gäste schlafen im Lokal, Kunden schlafen auf der Sofagarnitur im Möbelhaus, Entenfütterer fallen in den Schlaf, während sie auf der Parkbank sitzen. Und Stimmenzähler? Sie dösen auf ihren Wahllisten ein, bisweilen mit einem Zettel auf der Stirn: «Feel free to wake me up if necessary.»

Nicht anders war es bei «Formosa Television», einer unabhängigen Fernsehstation, die ich in Taipeh besuchte. Der ein oder andere Journalist bettete sein Haupt auf den Schreibtisch, nahm eine Auszeit vom Schlagzeilengewitter und schöpfte Kraft für all das, was in den nächsten Stunden noch kommen sollte. Im Newsroom konnte ich ihm buchstäblich ins Auge schauen, Morakot, dem Monster von einem Taifun. Seine bizarren Wolkenspiralen flimmerten über die Videowände in der Redaktion, und wenn schlechte Nachrichten gute Nachrichten sind, dann war dies ein Festtag für alle Quotenfetischisten des Senders. Ein Millionenpublikum verfolgte live auf den Satellitenbildern, wie sich der Tropensturm auf die Insel zubewegte. Morakot, der Schreckliche, war jedoch nicht die einzige Naturgewalt in Sicht.

Ein weiterer Wirbelwind kam auf mich zu, obwohl er auf den ersten Blick so förmlich wirkte mit seiner Krawatte und der Anstecknadel. Dann jedoch begann er zu rappen. Der gesetzte Herr mit den grauen Schläfen drehte den Swag auf. Es war der Starmoderator von Formosa TV, dessen Sendung gerade lief, und im Vorspann kickte er seine Rhymes. Herrlich ungelenk bouncte er den Beat vor einem schrillen Hintergrund, der Epileptiker ins nächste Krankenhaus befördert hätte. In seinem Rücken rotierte der taiwanesische Präsidentenpalast wie ein Zyklon, während die Nationalsymbole in den freshesten psychedelischen Farben dazu blitzten, blinkten und funkelten. Ein mehr als erstaunliches Œuvre zeitgenössischer Fernsehkultur, eingerahmt von Azaleen, aus denen pulsierende Megaphone erwuchsen.

Mā mā pó pó hēi hēi – so lauteten die einzigen Silben, die mir aus dem Sprechgesang im Gedächtnis blieben. Sie sind wie eingebrannt in meinen Kopf, und sollte irgendjemand wissen, was sie bedeuten, bitte ich um einen Tipp. Der Moderator hieß Jhy-Wey Shieh und war gewissermaßen der rappende David Letterman der taiwanesischen Nation. Ein Wortkünstler mit krassem Flow, der sich auch an deutschen Reimen versuchte. Shieh lehrte als Germanistikprofessor an der Universität, wenn er nicht gerade live mit der höchsten Prominenz des Landes diskutierte – über Geschichte, das Weltgeschehen und Gedöns. Nach seiner Talkshow lernte ich ihn im leeren Fernsehstudio kennen und durfte Platz an seiner Seite nehmen, dort, wo gerade eben noch die Gäste saßen.

«So eine Sendung ...»

Ich setzte zu einer Frage an und meinte sie wirklich nicht despektierlich. Nach all dem Augenkrebs und dem Mā mā pó pó hēi hēi konnte ich mir den leicht ironischen Unterton jedoch nicht verkneifen.

«Herr Shieh», sagte ich nach einem dezenten Räuspern und begann noch einmal von vorn. «Wäre so eine Sendung in Peking möglich?»

«Nö!»

Obwohl der Moderator bereits heiser war, antwortete er im Brustton eines Generals.

«Kommt gar nicht infrage!»

Für einen Moment überlegte ich, was er meinte: die Zensur in China – oder den Stil meines Interviews.

«Aber!», fuhr er nach einer Gedankenpause fort. «Neuerdings kommen ja viele Touristen aus China nach Taiwan. Und wie ich höre, schalten sie abends in ihrem Hotelzimmer den Fernseher ein. Und was gucken sie? Ausgerechnet meine Sendung.»

«So, wie wir früher heimlich Erotikfilme geschaut haben?», warf ich ein.

«Also!»

Shieh widersprach mit Nachdruck, allerdings auch mit dem üblichen Augenzwinkern.

«Was verboten ist, das macht Spaß und Freude. Aber ich würde mich siebzehn Grad freuen, wenn Sie meine Talkshow nicht mit Erotikstreifen vergleichen!»

Siebzehn Grad freuen? Waren das wirklich seine Worte? Die Siebzehn gilt in der chinesischen Kultur als Unglückszahl, genauso wie die Sieben und die Vier, so viel war mir bekannt, aber vielleicht hatte ich mich auch einfach nur verhört. Der rappende Hochschullehrer hegte tatsächlich eine Vorliebe für Sprichwörter, wie ich erfuhr. Er übersetzte sie aus dem Deutschen ins Mandarin, um seine Studenten in Taipeh zu verblüffen. Oder umgekehrt, wenn es galt, einen vorlauten deutschen Reporter mit Weisheiten aus dem Chinesischen zu verwirren. Das war sein intellektuelles Kung-Fu: ausweichen, kontern, überwinden. Professor Dr. Jhy-Wey Shieh ließ noch eine weitere Neigung erkennen. Während er mich höchstselbst durch die Kulissen des Senders führte – den Schnittraum, die Maske, das Kostüm –, meckerte er wonnevoll über die Regierung seines Landes.

«Wir legen die Eier zu weit in den Korb nach China!», schimpfte er, und diesmal bin ich mir sicher, dass ich ihn korrekt zitiere. Den Sinn seiner Worte würde ich so deuten: Sei siebzehn Grad vorsichtig, wem du traust – vor allem, wenn es um die verflixten Kommunisten in Peking geht. Shieh fragte sich, wohin die diplomatischen Gespräche mit der Feindesseite führen könnten.

«Menschenrechte, Pressefreiheit, Redefreiheit», zählte er an seinen erhobenen Fingern auf. «Wenn all das irgendwann geopfert werden sollte, nur um China zu gefallen, dann sehen wir schon, was auf uns zukommt.»

«Freiheit bedeutet in Ihrem Fall also auch, dass man ganz offen die Regierung kritisieren kann», sagte ich.

«Nicht nur das!»

Nun war eine gewisse Strenge in seinem Blick.

«Taiwan ist noch nicht lange eine Demokratie. Früher, unter der Militärdiktatur, durfte man die Regierung auch schon kritisieren. Aber nur einmal, dann ist man verschwunden.»

Er sah mich eindringlich an.

«Am selben Abend ist man verschwunden!»

Freiheit, schrieb ein chinesischer Dichter, ist der Abstand zwischen Jäger und Gejagtem. Der Satz begleitete mich durch den Abend, als Neonlicht auf meinen Regenschirm fiel und in den Pfützen widerschien. Wind bewegte die Lampions in den Gassen, während die Tropfen, die immerzu niederprasselten, im Glanz der Leuchtreklamen auf den vorbeirauschenden Wagen tanzten. Morakot war nahe, doch die Stille vor dem Sturm verlieh der Stadt aus Glas und Stahl eine apokalyptische Schönheit. Die Szenerie ließ mich an Bladerunner und Metropolis denken, als ich einem der meistgejagten Menschen Chinas begegnete.

Wu'er Kaixi wartete in einem Straßencafé. Allein, irgendwo zwischen den dampfenden Garküchen und grellen Bubble-Tea-Shops, die das eigenwillige Nationalgetränk mischten, aus Milchtee, Sirup und Tapiokaperlen. In seiner Heimat wurde er mit Haftbefehl gesucht, hier in Taipeh hatte er nichts zu befürchten, auch wenn das Hauptquartier der Kriminalpolizei gleich um die Ecke lag. Trotz der Freiheit, die er genoss, waren seine großen wissenden Augen von Melancholie erfüllt und stimmten mich traurig, als ich ihm gegenübersaß.

«Freiheit gibt es nicht umsonst», sagte er. «Freiheit hat immer ihren Preis.»

Kaixi sprach langsam, leise, von einer sonoren Stimme getragen. Jedes Wort schien er mit Bedacht zu wählen und sorgsam zu prüfen, ehe es ihm über die Lippen kam. Exilant, Dissident, Staatsfeind, all diese Etiketten hafteten an ihm. Vor allem war er als brillanter Rhetoriker bekannt, der die Massen begeistern konnte und mittlerweile auch die Kunst verstand, seine Gefühle zu beherrschen. Wer aufbrausend wird, begeht Fehler – diese Lektion hatte er gelernt. Der junge Kaixi war ein anderer gewesen. Er redete laut und schnell und benutzte ein Megaphon, damit ihn jeder hörte, in Peking und im ganzen Land. Wu'er Kaixi stand in vorderster Reihe, als Studenten den Platz des Himmlischen Friedens besetzten und sich gegen die autoritäre Regierung erhoben. Sieben Wochen lang schrie er seine Wut heraus und stritt für ein freies China. Er trat in den Hungerstreik und lieferte sich ein denkwürdiges Wortgefecht mit dem Premierminister. Kaixi war direkt aus dem Zelt der Fastenprotestler ins chinesische Staatsfernsehen gezerrt worden – ungewaschen, im Pyjama, das Haar verfilzt. So saß er dem allmächtigen Parteifunktionär gegenüber, der seinen Monolog begann. Statt jedoch demütig zuzuhören, nahm er ihm kurzerhand das Wort: «Ich weiß, dass es unhöflich ist, Herr Premier», unterbrach der Student. «Aber während wir hier hocken und Nettigkeiten austauschen, sitzen die Leute auf dem Platz und hungern.»

Danach musste Kaixi erleben, wie der Mann, den er herausgefordert hatte, die Proteste niederschießen ließ. Es war jener Tag, der in westlichen Geschichtsbüchern als Tian'anmen-Massaker bekannt ist – und in der Volksrepublik als Zwischenfall vom vierten Juni. Während Tausende Demonstranten gefangen genommen und viele Dutzend hingerichtet wurden, gelang Wu'er Kaixi die Flucht ins Exil. Welchen Preis musste er für seine Freiheit zahlen?

«Ich habe meine Eltern seit Jahrzehnten nicht gesehen», antwortete er und senkte den Blick. «Nun, das ist der Preis, den ich zahle. Gleichzeitig konnten mich meine Eltern genauso lange nicht sehen, obwohl sie nichts getan haben. Es war meine Entscheidung. Das war ich.»

Manchmal fragte sich Kaixi, warum er nicht auf dem Platz des Himmlischen Friedens gestorben war. Mutter und Vater zu vermissen, schien die größere Strafe zu sein, die Sehnsucht quälte ihn Jahr für Jahr ein wenig mehr. Nicht lange vor unserem Gespräch war er nach Macau geflogen, um sich in der chinesischen Sonderverwaltungszone zu ergeben. Wenigstens noch ein einziges Mal wollte er die Familie wiedersehen, und sei es nur durch eine Glasscheibe hindurch. Die Behörden hätten Wu'er Kaixi festnehmen und in Peking vor Gericht stellen können, um dem Staatsfeind nach so vielen Jahren endlich den Prozess zu machen. Aus Angst vor dem Echo der Weltpresse schoben sie ihn jedoch wieder ab – zurück in die abtrünnige Provinz. Wer wollte schon die schmerzhaften kollektiven Erinnerungen an ein Massaker am eigenen Volk erwecken? Und so blieb Taiwan sein Schicksal, das bessere China, wie manche sagten.

«Freiheit ist süß», sagte Wu'er Kaixi. «Wer einmal von ihr kostet, der verfällt ihr. Aber Freiheit bedeutet nicht nur zu tun, was man will. Wichtiger ist es, die Freiheit anderer zu respektieren und gegen die Unterdrückung der Freiheit zu kämpfen. Hier in Taiwan gelingt diese Idee gut, ziemlich gut sogar. Und das gibt mir Hoffnung, dass China eines Tages auch so sein kann wie Taiwan.»

«Denken Sie, das wird je passieren?»

«Absolut», sagte er. «Ich bin Exilant. Ein Exilant kann es sich nicht leisten, pessimistisch zu sein. Ich muss daran glauben.»

Noch in derselben Nacht brach Morakot über die Insel herein. Er spülte Straßen davon, wusch Täler aus, begrub ein ganzes Dorf unter Schlammlawinen und gilt als schwerster Taifun, der das Land jemals traf.

Professor Dr. Jhy-Wey Shieh, der menschliche Wirbelwind, rappt heute in Berlin. Er ist der höchste taiwanesische Repräsentant in Deutschland, darf sich jedoch aus politischen Gründen nicht offiziell als «Botschafter» bezeichnen.

Falun Gong, das sogenannte Gelbe Gift, wird in China weiterhin gnadenlos verfolgt.

Und Wu'er Kaixi, der Exilant? Ein Jahr nach unserem Treffen reiste er nach Tokyo und versuchte, in die Auslandsvertretung der Volksrepublik einzudringen. Später stellte er sich der chinesischen Botschaft in Washington, die ihn ebenfalls ignorierte. Auch in Hongkong, wo er sich erneut ergab und die Hände hob, wollte man ihn nicht haben. So sehr fürchtet der Jäger den Gejagten.

DIESE RUHE,
DIESE HERRLICHE RUHE

Rishikesh

E ines schönen Tages am Fuße des Himalaja begegnete ich dem Herrn des Universums. Er war gebürtiger
Schweizer und hatte als Flugzeugpilot die Weiten des
Himmels erkundet, von diesem Leben jedoch war nichts
außer der versilberten Brille, dem verschmitzten Lächeln
und der Vorliebe für Süßes geblieben. Seine Heiligkeit
Swami Vishveshwarananda umgab eine Aura des Friedens. Er saß im Schatten seines Lieblingsbaums, ganz in
Safrangelb gekleidet, und erzählte von Waldelefanten, die
ihn zuweilen besuchten, wenn er unter dem Blätterdach
in geistiger Einkehr versank. Wie sein früherer Name lautete, behielt er für sich. Der Swami hatte ihn verbrannt
und für alle Zeiten hinter sich gelassen, genauso wie seine Familie, seine Freunde und jeden weltlichen Besitz.

«Und nun», sagte ich, «sind Sie der Herr des Universums.»

«Mein Name at least», erwiderte er vergnügt, halb auf
Englisch, halb auf Schwyzerdütsch, polyglott, wie es sich
eben für einen Weltenlenker gehört.

Die Frau des Universums, in gewissem Sinne, war aus
Heidelberg. Wie der Swami hatte auch sie einen spirituel-

len Neuanfang gewagt und nannte sich jetzt Somashekari, Göttin des Mondes.

«Als junges Mädchen war ich schüchtern und tief in Gedanken versunken», verriet sie mit singender Stimme. «So viele Fragen plagten mich: Was ist der Sinn des Lebens? Warum bin ich bloß in dieser fleischlichen Hülle gefangen? Ist unsere Welt real oder nur ein flüchtiger Traum?»

Mittlerweile war es ihre größte Freude, unter dem Jubel der anderen Gläubigen über die Bühne des Tempels zu wirbeln. Nachts, von Sternen umgeben, wenn ihr milchweißer Teint im Schein der Silbersichel schimmerte. Eine Explosion der Gefühle, die sie als «innere Atombombe» beschrieb.

Vishi und Soma, der Swami und die Tempeltänzerin, waren kein Liebespaar. Zumindest nicht im profanen Sinne irdischer Beziehungen von Mann und Frau. Wie beide beteuerten, teilten sie nicht das Bett, sondern allein die Sehnsucht nach Samadhi, dem schlaflosen Schlaf, wenn sich der Geist in Glückseligkeit mit dem Licht vereint. So waren sie ihrem Guru nach Rishikesh gefolgt, dorthin, wo der Ganges dem Gebirge entspringt und die Seele zur Ruhe findet – es sei denn, man ist vom Fernsehen.

Ich war mit Kamera, Stativ und einem Kollegen herbeigepilgert, um einen Film zu drehen. Doch die Kluft zwischen jenen, die sich als Medium verstehen, und jenen, die im Dienst eines flimmernden Mediums arbeiten, ist so tief wie der Grand Canyon. Fernsehleute sind selten spirituell. Ihre Art ist weniger von Harmonie und Transzendenz geprägt als von Zynismus und Zweifel. So ist es, und so war es seinerzeit umso mehr, als das applaudierende Studiopublikum noch «Klatschvieh» hieß, junge

Frauen im Jargon als «Quotenfutter» galten und eine Fotogalerie auf einer Senderwebseite eine «Klickhure» war. Oder um es mit Roger Willemsen zu sagen: Ich habe noch nie einen Fernsehmacher getroffen, der nicht klüger ist als das Programm, das er vertritt.

Und so gab ich mich naiv, als ich Vishi und Soma kennenlernte. Unsere Wege kreuzten sich in den Bergen, wo die beiden einen Ashram bewohnten. Damals winkte ich ein Hindustan-Ambassador-Taxi heran und reiste über kurvenreiche Straßen in höhere Sphären. Das Zentrum für Askese thronte über den Dächern der Stadt und war ungeachtet seiner majestätischen Lage von Kargheit geprägt. Nichts in den leeren, gefliesten und reinweiß gekachelten Räumen lenkte den Geist von seinem Streben nach Klarheit ab – außer dem Duft von Nelken, Zimt und Kardamom. Der Herr des Universums und die Göttin des Mondes ließen Chai und eierlose Mürbekekse servieren, während ich ihnen von meiner Filmidee erzählte. Titel: «Wie wird man Guru?» Protagonist: meine Wenigkeit, die als Figur vor der Kamera versucht, zum geistigen Meister zu avancieren.

Klingt das nicht nach einem grandiosen Unterfangen? Eine Reporterseele, die nach dem Höheren strebt? Ein mystisches Rätsel, gelöst von einem wackeren Helden, gebannt auf Zelluloid? In einer Welt ohne Ironie hätte mein Film zweifellos in tiefgründigen Recherchen münden können – garniert mit feinsinniger Analyse und einem Hauch von Hari Om. Doch wer lügt, ruiniert sein Karma, das ist kosmisches Gesetz. Darum will ich ehrlich sein. Ja, mir ging es um göttliche Weisheit, um Glück und inneren Frieden, aber nicht weniger um die Freaks. Wer würde freiwillig so viel Verzicht und Weltenferne auf sich nehmen, wenn nicht die Träumer und Fantasten?

Gewiss ist es falsch, solche Gedanken zu hegen, und umso schändlicher, dass ich Vishi und Soma nicht die ganze Wahrheit verriet. Sie hätten mich höflich vor die Tempeltür begleiten können. Die beiden hätten das gute Recht gehabt, mich aus fadenscheinigen Gründen an einen anderen Ashram zu verweisen – es gab genug davon in dem weltberühmten Pilgerort, seit Donovan, die Beach Boys und sogar die Beatles in der Gegend die Erleuchtung gesucht hatten und John Lennon seinen «Happy Rishikesh Song» schrieb. Sie hätten mir auch einen Fußtritt geben dürfen, volles Pfund mit ihren Mönchssandalen, und es wäre wohlverdient gewesen.

Was taten sie also? Der Herr des Universums zupfte sich schelmisch am Bart und ließ seine buschigen Augenbrauen tanzen. Die Göttin in ihrem purpurfarbenen Gewand strahlte derweil so aus tiefstem Herzen, dass das scharlachrote Mal auf ihrer Stirn zu leuchten schien. Statt mich zu verfluchen und zum Teufel zu jagen, wo ich hingehörte, gewährten sie mir nicht nur eine innige Umarmung, sondern auch eine Unterkunft. Vishi und Soma hießen mich als Ehrengast in den geheiligten Gemächern des Ashrams willkommen, eine gute Woche lang.

«Kost und Logis frei!», verkündete der Herr des Universums.

Betende besitzen keinen Bullshit-Detektor, nahm ich an und schüttelte insgeheim den Kopf. Dabei hatte mich das Schicksal an den besten Ort auf Erden gelotst, um eine wahrhaftige Antwort auf die zentrale Frage meines Films zu finden. Der Versuch, Guru zu werden, erschien

Vishi und Soma weder anmaßend noch abstrus. Beide waren vor langer Zeit nach Rishikesh gekommen, jung und dumm wie ich, und im Laufe der Jahre zu großen spirituellen Meistern gereift. Für ihren eigenen Guru, seine Göttlichkeit Omkarananda Saraswati, hatten sie ihr altes Leben restlos aufgegeben.

«Der Guru war Ihnen also wichtiger als die eigene Familie?», sagte ich.

«Der Guru war Vater, Mutter, Bruder zugleich!», gab Vishi mit Glanz in den Augen zurück. «Viel mehr als die weltlichen Eltern und Geschwister.»

Mittlerweile hatte Omkarananda seine sterbliche Hülle verlassen. So führten sie den Ashram in seinem Sinne weiter, Vishi als Präsident und geistiges Oberhaupt, Soma als tanzende Generalsekretärin Guru-Bhakti-Ratna Kumari Somashekhari. Der Herr des Universums und die Göttin des Mondes konnten mir also nicht nur die Essenz meiner Frage liefern, sie lebten sie sogar Tag für Tag.

«Jeder kann Guru werden», sagte Soma. «Auch du!»

Außerdem liebten sie Filme. Und wie sich zeigte, waren sie selbst begeisterte Regisseure. Vishi und Soma rollten eine Leinwand aus. Sie ließen die frechen Affen verscheuchen, die auf den Strommasten balancierten, holten Lautsprecher herbei, verkabelten ein ratterndes Vorführgerät und dämpften das Sonnenlicht, das den Saal der Zusammenkunft erhellte. Was mir blühte, war die Strafe des Herrn. In seinem Groll hielt der Allmächtige drei schwere Prüfungen bereit, die mich in der Pilgerstadt erwarteten – und seine erste Rache entpuppte sich als Übung in Geduld.

Meine Reportage aus Rishikesh war als kurzer, launiger

Rausschmeißer des Auslandsmagazins geplant. Das sogenannte «bunte Stück» nach Krieg, Katastrophen, Gewalt
und Tod. Und der Film des Ashrams? Das cineastische
Werk, das mir Vishi und Soma voller Stolz präsentierten,
war der Blockbuster unter den Homevideos dieser Welt.
«Göttliche Gnade lässt sich nieder auf heiligem Land»
erwies sich als monumentales Epos über die Geschichte
des Ashrams und den verschlungenen Lebensweg seines
Gründers. Eine Großproduktion mit gewagten Kamera-
flügen über das Tempeldach, schwebenden Götterfiguren
und der unvergleichlich hohen, monotonen Stimme von
Soma, die zwischen Sanskrit und badischem Zungenschlag oszillierte.

Nach einhundertzwanzig Minuten, die meinen Geist
bis zum Äußersten forderten, bemerkte ich, dass der
Film erst fünf Minuten lief. Als schließlich der Abspann
über die Leinwand flimmerte, der allen Helfern und
selbstlosen Seelen dankte, war ich vollends über den
Omkarananda Ashram im Bilde. Vom ersten Stein bis zur
letzten vedischen Silbe bei der Weihe, von der visionären
Lehre des verstorbenen Gurus bis hin zu den Schreib-
tischtätigkeiten der wackeren Gläubigen, die seine weltlichen Geschäfte mit Stempelkissen und Lochstanzgerät
weiterführten – getreu dem Leitspruch des Meisters, den
Soma mit ihrem lieblichen Timbre intonierte: «Denke
wie ein Genie, arbeite wie ein Riese, und lebe wie ein
Heiliger.»

Eine Winzigkeit verschwieg der Film jedoch. Der Guru
hatte in einem Schweizer Gefängnis gesessen. Er war
in den Sechzigerjahren nach Winterthur gezogen, um
dort ein «Divine Light Zentrum» zu gründen, wie er es

nannte. Seine Göttlichkeit Swami Omkarananda kaufte Villa für Villa auf, ließ sie in der Farbe des Himmels streichen und predigte in vornehmer Kulisse die Tugend der Genügsamkeit. Die «Blauen» ernährten sich fleischlos und verzichteten in wilden Zeiten auf Sex, Drugs and Rock'n'Roll – aber nicht auf Gewalt. Je mehr Unmut sich gegen den Guru regte, der offenbar wie ein Finanzgenie dachte, wie ein Immobilienriese arbeitete und aus mancher Sicht wie ein Scheinheiliger lebte, umso mehr versündigten sich seine Getreuen. Sie vergifteten Pralinen, verübten Säureangriffe, flogen einen Schwarzmagier ein, um ihre ärgsten Feinde zu verfluchen, und legten Sprengsätze im Haus des Regierungsrats, von denen einer auch explodierte. Als bei einer Tempelrazzia schließlich Maschinengewehre ans Licht kamen, fand sich His Divine Grace, der Guru, hinter Gittern wieder und wurde fünf Jahre später des Landes verwiesen.

Mir fiel es schwer, meine Gastgeber mit Giftanschlägen und Bombenterror zu konfrontieren. In ihrem Glauben an das Gute wirkten Vishi und Soma zerbrechlich wie Glas. Dass ich jedoch den Ahnungslosen spielte, hieß nicht, dass ich ein Idiot war. Natürlich hatte ich von den Vorwürfen gehört und erhoffte mir Erklärungen, darum sprach ich die beiden vorsichtig darauf an.

«Don't worry, my friend», meinte Vishi und antwortete mit einem Sinnspruch seines Meisters: «Everything will be fine.»

Vorfälle bedauerlich, Guru schuldlos, Täter fehlgeleitet, Explosion gottlob ohne Tote und Verletzte und eine halbe Ewigkeit her, als der Vietnamkrieg noch tobte und die Jugend der Welt gegen Kernwaffen auf die Straße ging. So lautete die Botschaft der zwei, die es bevorzugten, geistige Atombomben zu zünden.

«Und jetzt geht's professionell zu!», sagte der Swami. Im nächsten Augenblick verschwand er in einer Kammer, wo ich ihn ausgiebig kramen hörte. Schranktüren öffnete sich, Schubladen fuhren auf und zu. Als er zurückkehrte, trug er alles Nötige auf dem Arm, um mir ein göttliches Äußeres zu verleihen.

«Kamera ab!», hörte ich ihn rufen. «Soma, schau her, wir machen ihn zum Guru.»

«Ja, das ist schön!», frohlockte sie, während mir der Herr des Universums einen Rock um die Hüften knotete. Das zweite Tuch, das eher ein übergroßes weißes Laken war, wickelte er mir so oft um die Schultern, bis es mich wie ein Zelt umhüllte. Zusammen mit den Sandalen, der Gebetskette und dem Punkt auf der Stirn, der das energetische dritte Auge symbolisierte, wirkte ich haargenau wie jemand, der versucht, sich als spiritueller Geist zu verkleiden. Irgendetwas zwischen Swami, Schneemensch und Schreckgespenst.

«Und das ist der erste Schritt?»

Ich blickte skeptisch an mir herab, während von irgendwoher mantrische Gesänge erklangen.

«So to say», sagte Vishi und nickte. «Der erste Schritt in ein anderes Leben. Alles Alte ist nun vergangen. Fertig! Jetzt fängt das Neue an.»

«Wie heißt du noch mal?», erkundigte sich Soma bei mir, was ich zunächst als Gedächtnisschwund deutete. Die Göttin des Mondes hatte jedoch eine plötzliche Eingebung.

«Dennis?»

Ich antwortete mit fragender Stimme.

«Döniz?»

Vishi blickte irritiert in die Runde. Aufgrund der Höhenwinde litt er bedauerlicherweise an einem chronisch entzündeten Mittelohr und schützte seine Gehörgänge mit Watte.

«Dennis!», sagte Soma und lächelte. «Weißt du, wir sollten dir einen indischen Namen geben. Divya heißt Licht, Deva bedeutet Gottheit ...»

«Devananda!»

Vishi ließ seine Brauen spielen, wie er es gerne tat, wenn er einen Geistesblitz hatte.

«Wunderbar», sagte Soma und klatschte in die Hände. «Devananda, die Seligkeit des Göttlichen.»

Wenig später schlurfte ich mit der Eleganz eines wandelnden Bettlakens hinüber in den Gebetsraum, wo bereits ein Feuer loderte. Meinen spirituellen Namen aus dem Sanskrit empfand ich nicht als Strafe. Im Gegenteil, ich betrachtete ihn als Teil meiner persönlichen Kollektion, ein Geschenk wie schon so viele Namen, die mir auf Reisen angedichtet worden waren. Denny Quastmann in Aserbaidschan, Señor de Guzmán in Argentinien, Mister Gatsmann, wie es mit Zuckerguss auf einer singhalesischen Geburtstagstorte geschrieben stand, Mister Gasutomang in Japan und Mister Denny, Sir, überall sonst in Indien, von Mumbai bis Madurai.

Und so begann die Zeremonie am heiligen Feuer. Wir knieten nieder zwischen Ringelblumen und Räucherstäbchen, gossen geläuterte Butter als Opfergabe in die Glut, sangen «Hare, Hare, Ma-ha-dev!», um Shiva, den Zerstörer und Erneuerer, zu ehren, und erhoben feierlich die Hände. Unter den wachen Augen des entschlafenen Gurus, dessen Antlitz die Kachelwände zierte, verlor sich mein Blick in den Flammen, während mein altes Leben darin verbrannte.

Devananda, die Seligkeit des Göttlichen, erwachte am Ufer des Ganges. Ich wohnte in einem Gasthaus des Ashrams, zusammen mit dem guten alten Matze, meinem ostfriesischen Gefährten. Inzwischen nannte er sich Mahavendra, allmächtiger Herr, was seine omnipotente Position als Kumpel, Kollege, Co-Autor, Kameragenie und Produzent unseres Films betonte. Wenn wir auf unseren Pritschen schliefen, eng an eng und trotz der kühlen Bergnächte nur mit einem Laken bedeckt, bekamen wir eine Ahnung davon, was Askese bedeutet. Gewinn durch Verzicht. Unsere Matratze war ein Brett, unser Kissen ein schmales Handtuch, unsere tägliche Dusche ein Wasserhahn auf Höhe der Knie. Wir verzichteten auf eine Heizung, einen Spiegel im Bad, auf Seife und Toilettenpapier, einen Teppich auf dem Fliesenboden, ein Bild an den farblosen Wänden und zumeist auch auf Strom, was uns zermürbende Wechselbäder mit kaltem Quellwasser und lange, lichtlose Abende bescherte.

Und wo war der Gewinn? Er lag unmittelbar vor der Zimmertür. Mit dem ersten Schritt ins Freie nahm uns Mutter Ganga in die Arme. Dann sahen wir von einer Loggia hinab auf den heiligen Fluss, der so rein und glitzernd klar aus dem Gebirge rann, wie er sich sonst nirgends in Indien zeigte.

Wer Guru werden will, lebt nicht wie ein Hedonist. Zumindest bis das Prana fließt, die Scharen der Pilger herbeiströmen und es Manna regnet. Bin ich blasphemisch oder bloß Realist? Wie es heißt, trägt jeder Mensch einen mächtigen Guru in sich, und es gilt, ihn zu befreien. Von Hochmut, Neid und Gier, aber auch von Giften, Gelüsten und überschüssigem Ballast. Dass es mir schadete, salzarm und weniger süß zu essen, kann ich nicht behaupten. Wer braucht schon Fleisch, Fisch und Eier? Auch geschmorte Zwiebeln, Knoblauch und tierische Fette vermisste ich kaum. Leib und Seele sollen rein und leicht sein, um sich ganz auf Gott zu konzentrieren. Mit dem Teufel Alkohol war es schon schwieriger, ein Schnaps auf jeden enthaltsamen Tag hätte gutgetan, und Koffeinentzug ist für einen Reporter das Schlimmste, von Sex wollen wir gar nicht erst reden.

Bei all dem Fasten und Beten brauchte ich ein Ventil. Während die Zeit in der Welthauptstadt des Yoga verstrich, sehnte ich einen Ausgleich herbei, nur einen klitzekleinen Exzess, doch er wollte sich einfach nicht entfesseln, weder in der Liebe des himmlischen Bewusstseins noch auf meinen Pilgermärschen durch den heiligen Ort. Wenn ich die Lakshman Jhula überquerte, die große stählerne Hängebrücke über den Ganges, fand ich mich unter Tausenden wieder, die auf der Suche waren – nach sich selbst, einem Sinn im Leben und vielleicht nach etwas, das es im Westen nicht mehr gab. Sie checkten im «Hare Rama Hotel» ein, verweilten im «OM Freedom Café» und ließen sich im «Divine Massage Center» die Ohrläppchen streicheln, untermalt von den Konzerten der Schlangenbeschwörer und den unnachgiebigen Rufen der Zuckerrohrquetscher.

Das Tor zum Himalaja, so friedvoll von Wäldern und Gipfeln umgeben, war übersät mit Reklametafeln in schreiendem Orange. Vom «Yoga Teacher Training» bis zur «Reiki School – recommended by all international guests». Von den «Cosmic Junkies», einem Juwelengeschäft, bis zum «Shiva Tea Stall», einem hölzernen Wägelchen mit Yogi-Tee, das jemand mühevoll über die hügeligen Schotterwege schob. Selbst die lokale Mineralwasserindustrie warb im Namen des reinen Geistes: «Bisleri – the sweet taste of purity.» Spiritualität war längst zur Ware geworden und die Erleuchtung ein ergiebiges Geschäft. Ob Sünde oder kluges Marketing, es lockte jährlich eine Viertelmillion Touristen an. In downtown Rishikesh strebten sie nach dem inneren Gleichgewicht, mal barfuß, mal auf Latschen, mal mit der mystischen Energie heilender Kristalle oder durch die machtvollen Schwingungen singender Schalen, jedoch stets mit größtem Ernst.

Die weihevollen Mienen und gequälten Gesichter, die verdrießlichen Blicke der darbenden Pilgerreisenden mit ihren ausgehöhlten Wangen, sie waren die zweite Prüfung des Herrn. Während ich hadernd auf der Brüstung der langen, lichtbeschienenen Hängebrücke saß, hockte sich ein Äffchen neben mich. Die unverhoffte Gesellschaft erfreute mich so, dass ich mich zu ihm drehte und lächelte. Da zeigte mir der Makake grimmig die Zähne und verfehlte mich nur knapp mit seinen Krallen. «Stör mich nicht, Dummkopf!», schien der Affe zu fauchen. «Ich bin im Einklang mit dem Kosmos und mir selbst, verdammt noch mal.»

Nicht einmal die Sadhus schienen Spaß zu verstehen, während sie ihr Shillum rauchten und um Almosen baten. Manche der heiligen Männer, hieß es, seien in der

Lage, mit der Macht des Hatha Yoga einen Zustand völliger Atemlosigkeit zu erreichen. Sitzend in Lotusstellung, könne man sie in eine Kiste sperren und wochenlang unter der Erde vergraben, sie kämen quicklebendig wieder ans Licht. Aber wozu die Qual? Ich wollte fröhlich in die Kiste springen, wenn es eines Tages so weit war, mit einem Lächeln auf den Lippen.

Die Ruhe, diese herrliche Ruhe, nach der sich alle sehnten, in ihrer entsetzlichen Freudlosigkeit, trieb mich allmählich die Wände hoch. Das spürte ich, wenn ich auf meiner Pritsche lag, ein jedes Licht verlosch und die Stadt am Ganges allmählich in Stille versank. Nur mehr die Mantras der Betenden auf den Treppenstufen der Ghats waren noch zu hören und hin und wieder ein Röcheln, wenn jemand im Gasthaus des Ashrams seine Nasengänge mit einer ayurvedischen Salzlösung spülte.

Dann erwachten meine Dämonen. Einer davon ließ mich nachtwandeln, im Lichte des Mondes. Wie von dunklen Mächten gejagt, irrte ich durch die Stadt der Selbstbeherrschung, lief von Shop zu Shop und fragte verzweifelt nach Spirituosen unter der Ladentheke. Ich sollte immerhin ein Ingwerbier ergattern. Ein anderer böser Geist war erstaunlich musikalisch. Sehr zum Missbehagen der Nachbarn bescherte er mir die Eingebung für ein Lied: «Agadou Dou Dou, Omkarananda we love you!», begann ich zu singen, während Mahavendra, der allmächtige Ostfriese, dazu klatschte und tanzte. «To the left, to the right, Omkarananda, it's alright!»

War ein großer Komponist in mich gefahren? Oder ein Kleinkrimineller? Vermutlich beides, denn eines Nachmittags, als sich die Sonne über den Himalaja senkte, brach ich in den Ashram der Beatles ein. Der staatliche Wächter war mein Komplize, und zwar mit dem größten Vergnügen, wie es schien. Für fünfhundert Rupien sperrte er wie selbstverständlich das rostende Gatter auf. Und so streifte ich im goldenen Licht zwischen den überwucherten Ruinen umher, während die Seele von Maharishi Mahesh Yogi um die Akazien wehte. Irgendwo im Gewirr des Dschungels, von Wurzeln, Laub und Schlingpflanzen umrankt, fand ich «Cave Number 9», jene Felsenhöhle von Lennon und McCartney, wo sie gemeinsam meditierten und ihre kreativen Energien in legendäre Klänge verwandelten. Ich kreuzte die Beine, schloss die Augen, atmete tief ein und dachte: «Happiness is a warm gun.»

All das gipfelte in einem Desaster. Es geschah in den Bergen, auf einem Tempelfest, und fing mit duftendem Milchreis an. Ich saß neben dem Herrn des Universums, plauderte angeregt über meine Sinnsuche und löffelte Kheer, eine Leckerei voller Mandeln, Pistazien und Rosinen. Auch der Swami erfreute sich an einem großzügig gefüllten Schälchen, genauso wie die übrigen Gläubigen, die im Ashram versammelt waren und feierten. Der Milchreis belohnte uns für eine langwierige Zeremonie. Auf ihrem Höhepunkt hatte Vishi die Hälfte der Speise als Opfer dargebracht, darum war es nun erlaubt, die andere Hälfte zu naschen.

«So läuft das also!», sagte ich.

«Geschickt, nicht wahr?», kokettierte Seine Heiligkeit, schleckte den süßen Reis vom Löffelrand und ließ feixend die Augenbrauen dazu tanzen. Wie ich mir wünschte, es wäre dabei geblieben. Kaum war die Opfermahlzeit jedoch genossen, ertönten die zarten Klänge einer Sitar, und alle Blicke wandten sich der Tempelbühne zu. Dort erschien Soma, in Silber, Gold und leuchtendes Blau gekleidet, als wäre sie soeben aus dem nächtlichen Himmel herabgestiegen. Sie trug die prächtigsten Gewänder, war geschmückt mit Armreifen, Broschen und Glitzerketten. Ihr wallendes Haar hatte sie zu einem Zopf geflochten, der bis hinab zu ihrem Seidenrock reichte, und auf ihrer Stirn schimmerte ein großer, runder, kristallener Mond.

Soma stand reglos da. Sie verweilte in Stille, die Gedanken verreist, das Lächeln entrückt, die Hände zu einem Kelch gefaltet und mit orangeroten Blütenblättern gefüllt. Da geriet etwas in ihren Blick. Wie von der Liebe des Göttlichen berührt, sah sie auf, drehte sich zweimal um sich selbst und ließ die Blütenblätter über ein goldgerahmtes Porträt von Guru Omkarananda niederrieseln. Trommeln spielten auf, die lieblichsten Flötentöne erfüllten die Luft, und begleitet von Schellen und Glocken, begann die Göttin des Mondes ihren Tanz.

Dies war die dritte Prüfung des Herrn. Sie sollte die härteste sein, eine ultimative Übung in innerer und äußerer Gelassenheit. Während Soma ekstatisch die Arme gen Himmel warf, kunstvolle Mudras mit den Händen formte und so geschmeidig den Kopf dazu bewegte, von Seite zu Seite, als wäre ihr Haupt nicht länger mit dem Hals verbunden, kämpfte ich mit meinen Dämonen. Zunächst war es nur ein zuckender Mundwinkel, dann ein tränendes Auge, das ich mit dem Zipfel meines überlangen Wickelschals trocken tupfte. Ein erstes Glucksen konnte ich noch verbergen, das nächste nicht mehr so gut. Mein Bauch krampfte, der Atem stockte mir, meine Wangen erröteten, und jeder Muskel in meinem Leib schien zu erzittern, als Soma endgültig mit der Musik verschmolz. Tippelnd auf den Zehenspitzen, wirbelte sie um sich selbst, vollführte ihre Pirouetten, immer schneller und rasender, bis sich ihr Zopf in die Lüfte erhob und mit einer langen, goldglänzenden Quaste an der Spitze wie das Rad der Unendlichkeit rotierte. Ein karmischer Kreisel, so grazil, wie es nur Guru-Bhakti-Ratna Kumari Somashekhari vermochte, die tanzende Generalsekretärin des Tempels.

Da brach es aus mir heraus. Alle Schwere, alle Last, alles Zaudern und Zweifeln lösten sich in einem denkwürdigen Anfall, wie ich ihn seit der Schulbank nicht mehr erlebt hatte. Ich krümmte mich, schüttelte meine Glieder, biss mir auf die Lippen und musste schließlich so vor Lachen prusten, dass es auch Vishi nicht überhören konnte, der Herr des Universums mit den sausenden Ohren, der unmittelbar neben mir saß. Nein, ich war noch nicht bereit, ein Guru zu sein, daran gab es keinen Zweifel mehr.

Der Swami hätte mich höflich vor die Tür begleiten können. Als geistiges Oberhaupt wäre es sein gutes Recht gewesen, mich an einen anderen Ashram zu verweisen. Er hätte mir auch einen Fußtritt geben dürfen, volles Pfund mit seinen Mönchssandalen, und bei allen Göttern und Heiligen, es wäre wohlverdient gewesen.

Und was tat er? Vishi lachte mit. Doch nicht nur er, auch die übrigen Gläubigen grinsten, glucksten und gackerten um uns herum. Bald hielt es keinen mehr still auf den Plätzen, und Soma strahlte nur umso mehr. Ermutigt von all den glänzenden Augen im Publikum, schien sie über die Tempelbühne zu schweben, drehte verzückt ihre Runden und schwelgte in den Gesichtern, die sie umgaben. Sie hatte ihr altes Leben verbrannt, genauso wie ihre kichernden Getreuen, und nun fühlte sie sich ein weiteres Mal in der Gewissheit bestärkt, dass ihre Entscheidung die richtige war. Niemand nahm Anstoß und empörte sich. Keiner vermutete Häme, Hohn und Spott. Die Gläubigen deuteten mein ansteckendes Lachen als pure Freude und Glückseligkeit, eine hehre geistige Kraft, die mich durchströmte und vollends überkam.

Ich werde nie vergessen, wie Vishveshwarananda nach dem Tanz das Mikrofon ergriff. Seine Heiligkeit gesellte sich zu Soma auf das Podium und sprach Dankesworte zum Lebewohl. Sie galten mir, Devananda, der Seligkeit des Göttlichen, und ihm, Mahavendra, dem allmächtigen ostfriesischen Herrn. In seiner Rede im schönsten Schwyzerdenglisch pries er uns als «very professional camera crew – mit Herz» und gab uns seinen Segen für unseren Film. Vishi und Soma waren gute Menschen, die besten vielleicht, die man sich wünschen konnte.

Aber ich bin Journalist. Und die Profis meiner Zunft wahren Distanz. Sie machen sich nicht gemein mit einer Sache, auch nicht mit einer guten. Als die Reportage vom Fuße des Himalaja fertig geschnitten war und ich meinen Sprechertext dazu schrieb, ließ ich Somas geistige Atombombe genauso unerwähnt wie die vergifteten Pralinen ihres Gurus. Mit spitzfindigen Kommentaren jedoch und ironischem Schmelz in der Stimme sparte ich nicht, während ich von Rishikesh erzählte, seinen Meistern und Schülern, seinen Scheinheiligen und Scharlatanen. Und so flimmerte das bunte Stück gegen Mitternacht über den Schirm, kurz vor der Datumsgrenze, wie der Auslandschef zu scherzen pflegte.

Am nächsten Morgen erreichte mich eine Nachricht.

Es war ein Schreiben Seiner Heiligkeit, das ich in meinem Postfach entdeckte. Ich zögerte, ehe ich es las. Welche Strafe des Herrn würde mich erwarten – Blattern, Blitze, eine Flut? Der filmische Selbstversuch «Wie wird man Guru?», schrieb der Swami, sei ein wichtiges, kluges, außerordentlich gelungenes Werk. In Sätzen voller Euphorie, gespickt mit Glückwünschen und Superlativen, rühmte er unsere «meisterhafte Arbeit». Als wäre das noch nicht genug, lud er uns erneut zu einer Reise an den Ganges ein, diesmal sogar für drei Monate, besser ein halbes Jahr, um noch einen weiteren Film zu drehen, einen längeren Film, einen wahrhaft großen Film – Kost und Logis frei. Unsere Darstellung des Ashrams sei unerreicht. Niemand hätte je zuvor die Atmosphäre so wundervoll in Szene gesetzt wie wir, Devananda und Mahavendra.

«Und diese Ruhe», schwärmte Vishi, «diese herrliche Ruhe!»

«Welche Ruhe?», überlegte ich. «Und warum das Lob?»

Wollte mich der Swami nicht lynchen für all die ketzerischen Bemerkungen im Text und den scharfzüngigen Unterton? Zu meiner Schande hatte ich die Sendung verpasst. Ich war vor der Ausstrahlung eingeschlafen, sei es dem Fasten oder dem Jetlag nach dem langen Flug geschuldet. Als ich den Film auf digitalem Wege sah, so wie er nachts im Fernsehen gelaufen war, verstand ich endlich, wovon der Swami sprach. Aufgrund eines seltenen, kaum zu erklärenden Fehlers war der Magazinbeitrag ohne Text gesendet worden – ohne meine Stimme als Sprecher und somit ohne ein einziges bissiges Wort. Offenbar hatte ein Kollege in der Regie die falsche Tonspur erwischt. Er dachte wohl, es sei Absicht, dass sich «Wie

wird man Guru?» allein auf Schellenklänge, zarte Flötentöne und die machtvolle Stille zwischen den Interviews
verließ. Dann, wenn Swami Vishveshwarananda unter
seinem Lieblingsbaum saß und vergnügt von wilden Elefanten erzählte.

Der Film war wunderbar. Weitaus besser ohne meinen
Text. Und Gott wusste es.

DIE ANDERE HÄLFTE

Hamburg – Maütje

M ein Sohn war vier Jahre alt, vielleicht auch schon fünf, als er mir eines Morgens eine Frage stellte.

«Papa», sagte er während des Frühstücks. «Wie viele Länder hast du eigentlich schon bereist?»

Nun, ich will nicht leugnen, dass ich mich in gewisser Weise geschmeichelt fühlte. Ich kannte die Frage bereits aus dem Feuilleton oder Fernsehrunden, und jedes Mal, wenn ich sie beantworten durfte wie ein großer Abenteurer aus unerforschten Gefilden, begann im Dunkel der Zweifel ein Lichtlein zu leuchten – obwohl ich mich nicht als Sammler sehe, der die Welt erkundet, um seinen Pass mit Stempeln und Visa zu füllen. Was verrät schon die Anzahl der Entrys, Arrivals und Immigrations über die Intensität des Reisens? Den Regen, den Wind in den Haaren, den Wunsch, für immer an einem Ort zu verweilen und im Rausch der Ferne zu schwelgen oder im Nu zu verschwinden, wenn die Nacht ohne Sterne ist.

Viel besser als Zahlen sind doch Geschichten, dachte ich mir, pralle, lebendige Stories von unterwegs, gerade für einen kleinen Jungen. Und so erzählte ich ihm von der Suche nach Gold in der australischen Geisterstadt, von der fluchenden Göttin am Gangesufer, vom kalifornischen Licht und den Seelöwen, die sich darin sonnten. Die Bettwanzen aus New York behielt ich für mich, ebenso wie die Schmetterlinge, die ich nach dem dritten Selbstgebrannten sah. Lieber fügte ich noch eine Anekdote aus dem Himalaja hinzu, wo nicht nur der Herr des Universums lebt, scheu und zurückgezogen, sondern vielleicht auch der Schneemensch.

«Mhm», sagte mein Sohn nach einer Weile und biss von seinen Schnittchen mit Erdbeermarmelade ab. «Und warst du denn auch schon mal auf Maütje?»

«Wo?», fragte ich.

«Maütje», wiederholte mein Junge, und nun begann er zu erzählen. Mit dem Wissensdurst eines Alexander von Humboldt und der Entdeckerfreude eines kleinen Marco Polo berichtete mir mein vier- oder fünfjähriger Sohn von einem Land, das mir neu war. Den Ursprung des skandinavisch klingenden Namens enthüllte er nicht, dafür jedoch viele andere erstaunliche Details. Maütje sei eine Insel, erklärte er mir, überrascht von der Unkenntnis seines Vaters. Genauer gesagt ein Inselreich, ein Archipel also, irgendwo jenseits der australischen Küste, zumindest weit, weit entfernt. Auf jeder dieser Inseln liegt eine Stadt, so auch der Hafen Nudelboot, wenn ich mich recht erinnere. Dort gehen die Touristen von Bord. Die meisten ziehen allerdings gleich weiter in die Ferienorte, etwa nach Buddelboot oder Tüdelboot. Wer wollte es ihnen verdenken, schließlich finden sich dort die gepflegtesten Unterkünfte des Landes: das Einhornhotel, das Ritterburghotel und nicht zu vergessen das Dinosaurierhotel, das mir mein Sohn wärmstens empfahl. Tatsächlich sollen auf den Inseln noch heute prähistorische Riesenechsen und Säbelzahntiger zu finden sein, sie ernähren sich jedoch genauso vegetarisch wie die zahlreichen einheimischen Riesenkühe, die eine Schulterhöhe von zehn Metern erreichen.

Apropos Einheimische. Auf Maütje wohnen die Schokomenschen, was keinesfalls als politische Aussage zu werten ist. Sie bestehen lediglich aus weißer oder brauner Schokolade, versicherte mir mein Sohn, und wären damit rein theoretisch essbar, gäbe es nicht noch andere kulinarische Verlockungen. Das maütjische Nationalgericht ist Götterspeise auf Brot. Dazu trinken die Insulaner traditionell einen Kakao. Beides wird nur an den Wochenenden serviert, die hierzulande sieben Tage andauern. Eine weitere lokale Spezialität, Kümmeleis, scheint eher für den experimentierfreudigen Gaumen geeignet zu sein, ganz zu schweigen von den Krapfen mit Tomatenmark. Womit wir bei den Reisehinweisen wären. Maütje gilt gemeinhin als sicheres Urlaubsziel, aber Obacht: Wer auf den Inseln etwas stibitzt oder herzhaft in die Wade eines Schokomenschen beißt, wird eine Woche lang zu den Brötchenspinnen gesperrt. Sie sind groß, schwarz, achtäugig und hausen in den Schächten der Kanalisation, wo sie mit hartem, eingesponnenem Backwerk um sich werfen. Außerdem sei es unter Strafe verboten, Kriege zu führen, warnte mein Sohn, was mich aus tiefster Seele rührte. Dabei sah er mich mit großen Kinderaugen an.

«Und was geschieht, wenn das Land einmal angegriffen wird?», fragte ich.

«Dann», antwortete er prompt, «kommt Maütje mit siebentausend Panzern angerollt und schießt zurück.»

Nach der Frühstückslektion meines Sohnes könnte ich

noch auf die bewegte Historie des Archipels eingehen. Doch von Captain Bonbon, der lange vor Kolumbus und den Wikingern die Neue Welt entdeckte, später einen Seeweg nach Hamburg suchte und dabei zufällig auf die Inselgruppe stieß, fange ich besser nicht an. Was Jahreszahlen, Daten und Statistiken betrifft, bin ich wenig begabt, mein Junior besitzt dagegen ein Talent für die Mathematik.

«Ich hab dich so lieb», sagte er einmal. «Du und Mama, ihr seid das Wichtigste in meinem ganzen Leben, für immer. Zu fünfundneunzig Prozent.»

«Fünfundneunzig?»

«Das ist sehr viel.»

Und so kam es, wie es kommen musste. Während er seine letzten Brothäppchen mit Konfitüre genoss und mir noch weitere Schreckensdinge von den Brötchenspinnen aus der Finsternis verriet, ließ mein Sohn nicht nach.

«Wie viele Länder waren es denn genau, Papa? Sag schon, wie viele davon hast du bereist: tausend? Zweitausend? Oder noch mehr?»

«Achtzig, neunzig», zählte ich grob. «Hundert vielleicht, also ungefähr die Hälfte der Welt, wenn du so willst.»

«Die Hälfte», sagte er nickend und wischte sich über den Mund. «Und was ist mit der anderen Hälfte?»

In dieser Sekunde war ich stumm vor Staunen. Die andere Hälfte, was für eine Idee. Meine persönliche Länderkollektion mag reich und vielfältig sein, doch wie lang und schillernd ist erst die Liste der Orte, die ich noch nicht besucht habe? Ich war noch nie in Island oder Schweden. Dänemark ist für mich ein weißer Fleck, obwohl ich so nahe an der Grenze wohne. Jeder Mensch schwärmt vom Oktoberfest, aber ich habe noch nicht einmal Neuschwanstein angeschaut. Venedig? Unerforscht. Santorini? Nie betretene Ufer. Der Hafen von Dubrovnik? Völlig unentdecktes Terrain. Wie gerne würde ich einmal mit dem Orient-Express reisen, falls er noch fährt, den Kilimandscharo bezwingen, gemeinsam mit meinem Sohn, und um zweifelhafte Souvenirs am Fuße der Pyramiden von Gizeh feilschen. Ich will durch den Nebel von Machu Picchu wandern, in den tiefblauen Wassern vor Fidschi tauchen und eines Tages auf der Großen Mauer stehen, in einem freien China, wenn ich es mir wünschen könnte.

Und Maütje, das Reich von Captain Bonbon und den Brötchenspinnen? Das wird kein leichtes Unterfangen. Wie ich erfuhr, handelt es sich um ein Land aus schwimmenden Inseln. Sie treiben frei über die Meere und sind mal nahe, mal fern. Auf diese Weise erkunden die Maütjer die ganze Welt, nicht nur eine Hälfte, und wenn der Wind pfeift und sich der Himmel verdunkelt, ziehen sie einfach davon. Ich möchte sie auch sehen, die andere Hälfte, in der zweiten Hälfte meines Lebens. Solange sich der blaue Lampion dreht.

DANK

Ich danke Matthias Sdun, dem weltbesten Ostfriesen, Ben Maciej Pawlowski, dem besten Fotografen der Welt, und Thomas Hipp, dem größten Meister, den ein Elternpaar namens Maria und Josef seit zweitausend Jahren hervorgebracht hat. Merci beaucoup an Sophie Nieder, die klügste Lektorin der Welt, Spasibo an Moritz Gathmann, meinen lang vermissten Towarischtsch, und ein herzliches Xièxiè an Klaus Bardenhagen, den berühmtesten Deutschen in Taiwan. Auf euch kann man siebzehn Grad zählen.

Weitere Titel

Atlas der unentdeckten Länder

Dalee

Der vorletzte Samurai

Gang nach Canossa

Geschlossene Gesellschaft

Mit 80 000 Fragen um die Welt